THIS PLANNER BELONGS TO

"In my experience, children would rather come from a broken home than to grow up in a broken home"

-Mackenzie Lamont

justuslead
we focus on the resolution not the battle

January 2023

S	M	T	W	T	F	S
1	2	3	4	5	6	7
8	9	10	11	12	13	14
15	16	17	18	19	20	21
22	23	24	25	26	27	28
29	30	31				

February 2023

S	M	T	W	T	F	S
			1	2	3	4
5	6	7	8	9	10	11
12	13	14	15	16	17	18
19	20	21	22	23	24	25
26	27	28				

March 2023

S	M	T	W	T	F	S
			1	2	3	4
5	6	7	8	9	10	11
12	13	14	15	16	17	18
19	20	21	22	23	24	25
26	27	28	29	30	31	

July 2023

S	M	T	W	T	F	S
						1
2	3	4	5	6	7	8
9	10	11	12	13	14	15
16	17	18	19	20	21	22
23	24	25	26	27	28	29
30	31					

August 2023

S	M	T	W	T	F	S
		1	2	3	4	5
6	7	8	9	10	11	12
13	14	15	16	17	18	19
20	21	22	23	24	25	26
27	28	29	30	31		

September 2023

S	M	T	W	T	F	S
					1	2
3	4	5	6	7	8	9
10	11	12	13	14	15	16
17	18	19	20	21	22	23
24	25	26	27	28	29	30

Important Dates

April 2023

S	M	T	W	T	F	S
						1
2	3	4	5	6	7	8
9	10	11	12	13	14	15
16	17	18	19	20	21	22
23	24	25	26	27	28	29
30						

May 2023

S	M	T	W	T	F	S
	1	2	3	4	5	6
7	8	9	10	11	12	13
14	15	16	17	18	19	20
21	22	23	24	25	26	27
28	29	30	31			

June 2023

S	M	T	W	T	F	S
				1	2	3
4	5	6	7	8	9	10
11	12	13	14	15	16	17
18	19	20	21	22	23	24
25	26	27	28	29	30	

October 2023

S	M	T	W	T	F	S
1	2	3	4	5	6	7
8	9	10	11	12	13	14
15	16	17	18	19	20	21
22	23	24	25	26	27	28
29	30	31				

November 2023

S	M	T	W	T	F	S
			1	2	3	4
5	6	7	8	9	10	11
12	13	14	15	16	17	18
19	20	21	22	23	24	25
26	27	28	29	30		

December 2023

S	M	T	W	T	F	S
					1	2
3	4	5	6	7	8	9
10	11	12	13	14	15	16
17	18	19	20	21	22	23
24	25	26	27	28	29	30
31						

Important Dates

INDECISION IS A DECISION

justuslead
we focus on the resolution
not the battle

January 2023

AFFIRMATIONS

IMPORTANT DATES

REMINDER

TO DO LIST

KEY

◯ Parent 1 ◯ Parent 2

No show

Modification

Cancelled

Late

Arrived on time

justuslead

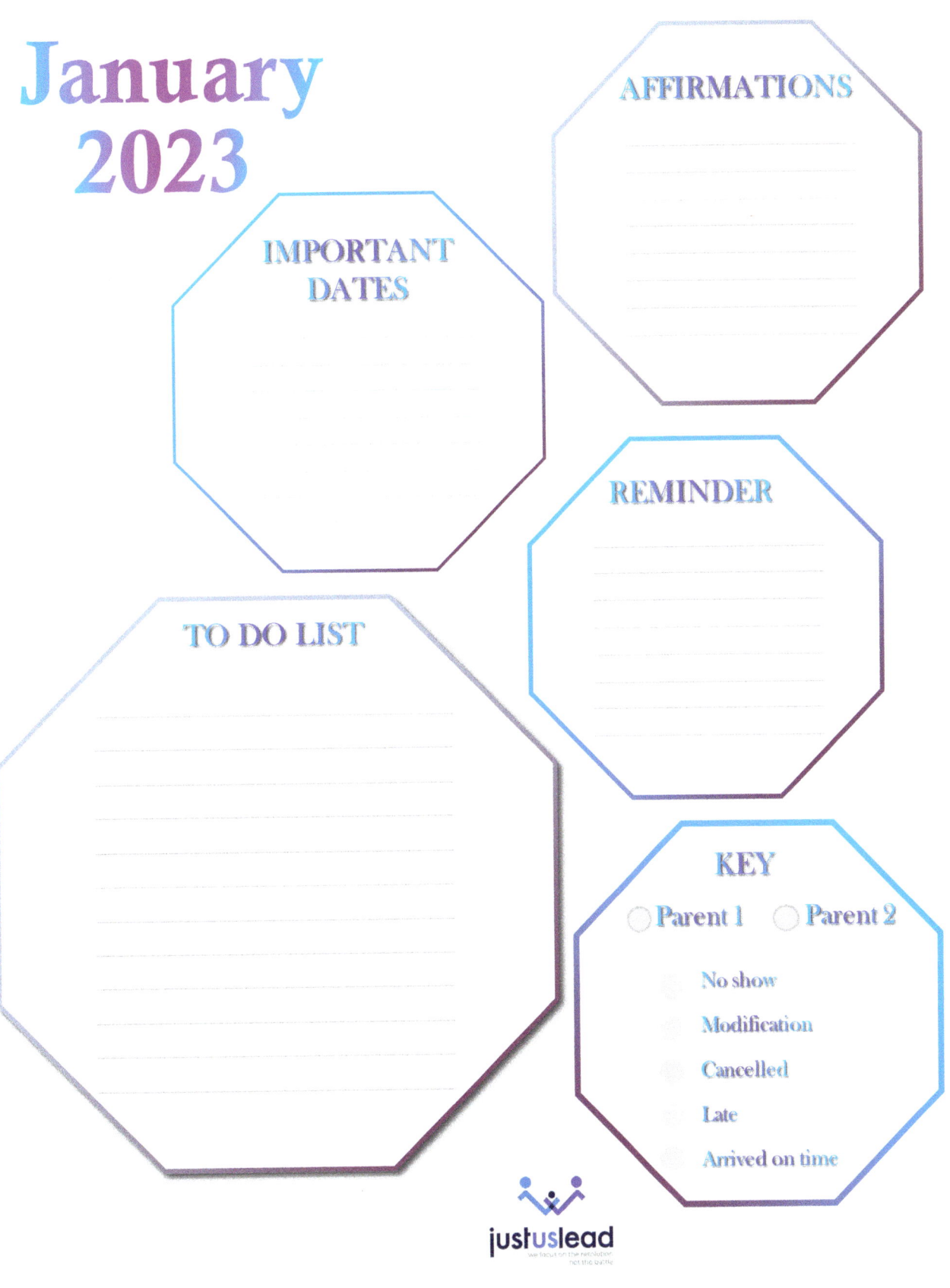

January 2023

SUNDAY	MONDAY	TUESDAY	WEDNESDAY
01	02	03	04
08	09	10	11
15	16	17	18
22	23	24	25
29	30	31	

THURSDAY	FRIDAY	SATURDAY	NOTES
○ 05	○ 06	○ 07	
○ 12	○ 13	○ 14	
○ 19	○ 20	○ 21	
○ 26	○ 27	○ 28	
○	○	○	

January 2023

S	M	T	W	T	F	S
1	2	3	4	5	6	7
8	9	10	11	12	13	14
15	16	17	18	19	20	
22	23	24	25	26	27	
29	30	31

January 2023

justuslead

01
SUN

02
MON

03
TUE

04
WED

Jan 2023

justuslead

NOTES

January 2023

S	M	T	W	T	F	S
1	2	3	4	5	6	7
8	9	10	11	12	13	14
15	16	17	18	19	20	
22	23	24	25	26	27	
29	30	31				

6 am	6 am	6 am
7 am	7 am	7 am
8 am	8 am	8 am
9 am	9 am	9 am
10 am	10 am	10 am
11 am	11 am	11 am
12 am	12 am	12 am
1 pm	1 pm	1 pm
2 pm	2 pm	2 pm
3 pm	3 pm	3 pm
4 pm	4 pm	4 pm
5 pm	5 pm	5 pm
6 pm	6 pm	6 pm
7 pm	7 pm	7 pm
8 pm	8 pm	8 pm

January 2023

justuslead

05
THU

06
FRI

07
SAT

08
SUN

Jan 2023

justuslead

NOTES

6 am	6 am	6 am
7 am	7 am	7 am
8 am	8 am	8 am
9 am	9 am	9 am
10 am	10 am	10 am
11 am	11 am	11 am
12 am	12 am	12 am
1 pm	1 pm	1 pm
2 pm	2 pm	2 pm
3 pm	3 pm	3 pm
4 pm	4 pm	4 pm
5 pm	5 pm	5 pm
6 pm	6 pm	6 pm
7 pm	7 pm	7 pm
8 pm	8 pm	8 pm

January 2023

S	M	T	W	T	F	S
1	2	3	4	5	6	7
8	9	10	11	12	13	14
15	16	17	18	19	20	
22	23	24	25	26	27	
29	30	31				

January 2023

justuslead

09
MON

10
TUE

11
WED

12
THU

Jan 2023

justuslead

NOTES

6 am	6 am	6 am
7 am	7 am	7 am
8 am	8 am	8 am
9 am	9 am	9 am
10 am	10 am	10 am
11 am	11 am	11 am
12 am	12 am	12 am
1 pm	1 pm	1 pm
2 pm	2 pm	2 pm
3 pm	3 pm	3 pm
4 pm	4 pm	4 pm
5 pm	5 pm	5 pm
6 pm	6 pm	6 pm
7 pm	7 pm	7 pm
8 pm	8 pm	8 pm

January 2023

S	M	T	W	T	F	S
1	2	3	4	5	6	7
8	9	10	11	12	13	14
15	16	17	18	19	20	
22	23	24	25	26	27	
29	30	31				

January 2023

justuslead

13
FRI

14
SAT

15
SUN

16
MON

Jan 2023

justuslead

NOTES

6 am	6 am	6 am
7 am	7 am	7 am
8 am	8 am	8 am
9 am	9 am	9 am
10 am	10 am	10 am
11 am	11 am	11 am
12 am	12 am	12 am
1 pm	1 pm	1 pm
2 pm	2 pm	2 pm
3 pm	3 pm	3 pm
4 pm	4 pm	4 pm
5 pm	5 pm	5 pm
6 pm	6 pm	6 pm
7 pm	7 pm	7 pm
8 pm	8 pm	8 pm

January 2023

S	M	T	W	T	F	S
1	2	3	4	5	6	7
8	9	10	11	12	13	14
15	16	17	18	19	20	
22	23	24	25	26	27	
29	30	31				

January 2023

justuslead

17
TUE

18
WED

19
THU

20
FRI

Jan 2023

justuslead

NOTES

6 am	6 am	6 am
7 am	7 am	7 am
8 am	8 am	8 am
9 am	9 am	9 am
10 am	10 am	10 am
11 am	11 am	11 am
12 am	12 am	12 am
1 pm	1 pm	1 pm
2 pm	2 pm	2 pm
3 pm	3 pm	3 pm
4 pm	4 pm	4 pm
5 pm	5 pm	5 pm
6 pm	6 pm	6 pm
7 pm	7 pm	7 pm
8 pm	8 pm	8 pm

January 2023

S	M	T	W	T	F	S
1	2	3	4	5	6	7
8	9	10	11	12	13	14
15	16	17	18	19	20	
22	23	24	25	26	27	
29	30	31				

January 2023

justuslead

21
SAT

22
SUN

23
MON

24
TUE

Jan 2023

justuslead

NOTES

6 am	6 am	6 am
7 am	7 am	7 am
8 am	8 am	8 am
9 am	9 am	9 am
10 am	10 am	10 am
11 am	11 am	11 am
12 am	12 am	12 am
1 pm	1 pm	1 pm
2 pm	2 pm	2 pm
3 pm	3 pm	3 pm
4 pm	4 pm	4 pm
5 pm	5 pm	5 pm
6 pm	6 pm	6 pm
7 pm	7 pm	7 pm
8 pm	8 pm	8 pm

January 2023

S	M	T	W	T	F	S
1	2	3	4	5	6	7
8	9	10	11	12	13	14
15	16	17	18	19	20	
22	23	24	25	26	27	
29	30	31				

January 2023

justuslead

25
WED

26
THU

27
FRI

28
SAT

Jan 2023

justuslead

NOTES

January 2023

S	M	T	W	T	F	S
1	2	3	4	5	6	7
8	9	10	11	12	13	14
15	16	17	18	19	20	
22	23	24	25	26	27	
29	30	31				

6 am	6 am	6 am
7 am	7 am	7 am
8 am	8 am	8 am
9 am	9 am	9 am
10 am	10 am	10 am
11 am	11 am	11 am
12 am	12 am	12 am
1 pm	1 pm	1 pm
2 pm	2 pm	2 pm
3 pm	3 pm	3 pm
4 pm	4 pm	4 pm
5 pm	5 pm	5 pm
6 pm	6 pm	6 pm
7 pm	7 pm	7 pm
8 pm	8 pm	8 pm

January 2023

justuslead

29
SUN

30
MON

31
TUE

Jan 2023

justuslead

NOTES

January 2023

S	M	T	W	T	F	S
1	2	3	4	5	6	7
8	9	10	11	12	13	14
15	16	17	18	19	20	
22	23	24	25	26	27	
29	30	31				

6 am	6 am	6 am
7 am	7 am	7 am
8 am	8 am	8 am
9 am	9 am	9 am
10 am	10 am	10 am
11 am	11 am	11 am
12 am	12 am	12 am
1 pm	1 pm	1 pm
2 pm	2 pm	2 pm
3 pm	3 pm	3 pm
4 pm	4 pm	4 pm
5 pm	5 pm	5 pm
6 pm	6 pm	6 pm
7 pm	7 pm	7 pm
8 pm	8 pm	8 pm

I said what I said.....

justuslead
we focus on the resolution not the battle

I said what I said.....

justuslead

we focus on the resolution
not the battle

I said what I said.....

justuslead
we focus on the resolution not the battle

I said what I said.....

justuslead
we focus on the resolution
not the battle

CHILDREN NEED BOTH OF THEIR PARENTS. ALIENATING THE OTHER PARENT HURTS THE CHILD MORE THAN EITHER OF YOU!

justuslead
we focus on the resolution
not the battle

February 2023

AFFIRMATIONS

IMPORTANT DATES

REMINDER

TO DO LIST

KEY

○ Parent 1 ○ Parent 2

No show

Modification

Cancelled

Late

Arrived on time

justuslead
we focus on the resolution
not the battle

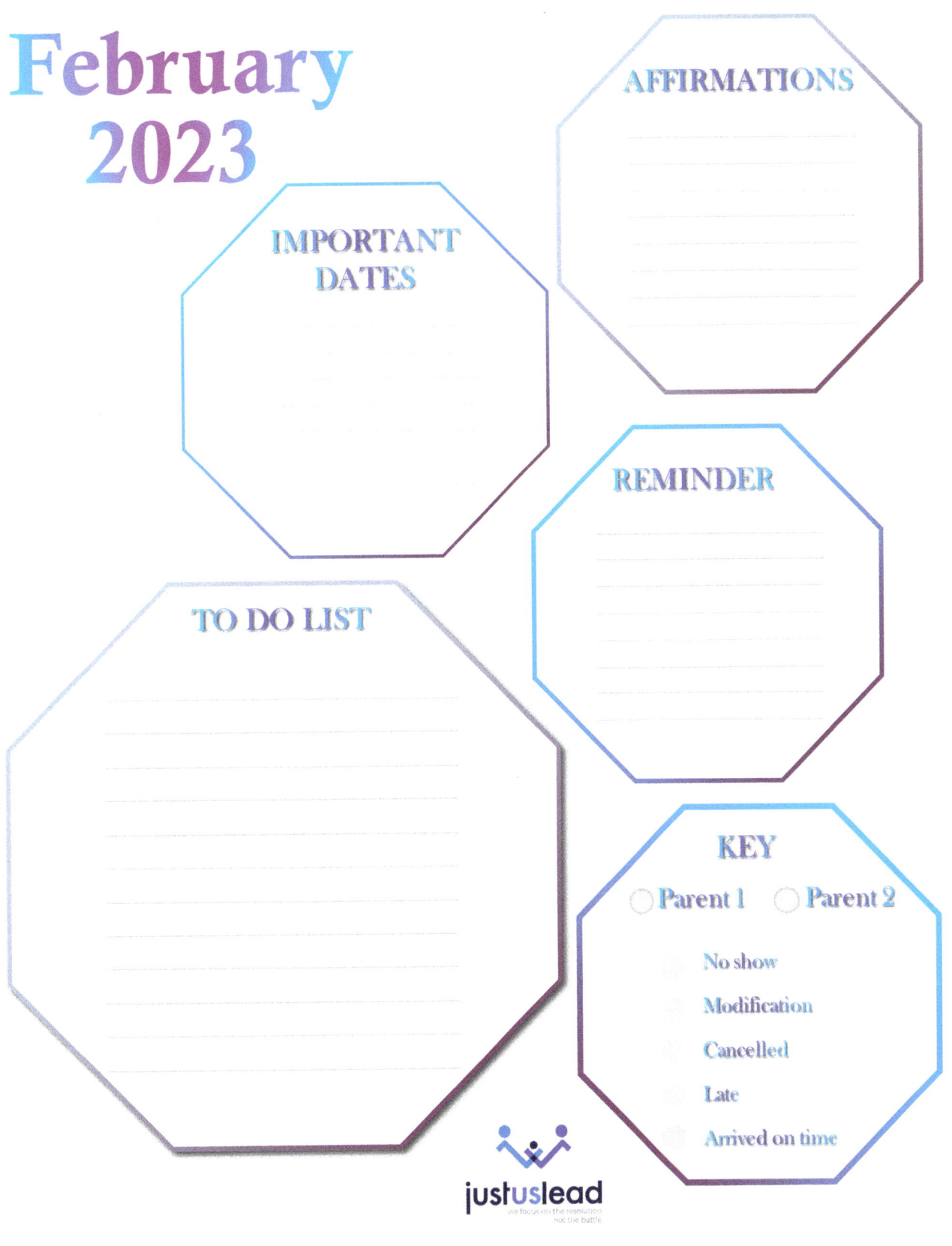

February 2023

SUNDAY	MONDAY	TUESDAY	WEDNESDAY
			01
05	06	07	08
12	13	14	15
19	20	21	22
26	27	28	

THURSDAY	FRIDAY	SATURDAY	NOTES
○ 02	○ 03	○ 04	
○ 09	○ 10	○ 11	
○ 16	○ 17	○ 18	
○ 23	○ 24	○ 25	

February 2023

S	M	T	W	T	F	S
			1	2	3	4
5	6	7	8	9	10	11
12	13	14	15	16	17	18
19	20	21	22	23	24	25
26	27	28

February 2023

justuslead

01
WED

02
THU

03
FRI

04
SAT

Feb 2023

justuslead

NOTES

6 am	6 am	6 am
7 am	7 am	7 am
8 am	8 am	8 am
9 am	9 am	9 am
10 am	10 am	10 am
11 am	11 am	11 am
12 am	12 am	12 am
1 pm	1 pm	1 pm
2 pm	2 pm	2 pm
3 pm	3 pm	3 pm
4 pm	4 pm	4 pm
5 pm	5 pm	5 pm
6 pm	6 pm	6 pm
7 pm	7 pm	7 pm
8 pm	8 pm	8 pm

February 2023

S	M	T	W	T	F	S
			1	2	3	4
5	6	7	8	9	10	11
12	13	14	15	16	17	18
19	20	21	22	23	24	25
26	27	28				

February 2023

justuslead

05
SUN

06
MON

07
TUE

08
WED

Feb 2023

justuslead

NOTES

6 am	6 am	6 am
7 am	7 am	7 am
8 am	8 am	8 am
9 am	9 am	9 am
10 am	10 am	10 am
11 am	11 am	11 am
12 am	12 am	12 am
1 pm	1 pm	1 pm
2 pm	2 pm	2 pm
3 pm	3 pm	3 pm
4 pm	4 pm	4 pm
5 pm	5 pm	5 pm
6 pm	6 pm	6 pm
7 pm	7 pm	7 pm
8 pm	8 pm	8 pm

February 2023

S	M	T	W	T	F	S
			1	2	3	4
5	6	7	8	9	10	11
12	13	14	15	16	17	18
19	20	21	22	23	24	25
26	27	28				

February 2023

justuslead

09
THU

10
FRI

11
SAT

12
FRI

Feb 2023

justuslead

NOTES

February 2023

S	M	T	W	T	F	S
			1	2	3	4
5	6	7	8	9	10	11
12	13	14	15	16	17	18
19	20	21	22	23	24	25
26	27	28				

6 am	6 am	6 am
7 am	7 am	7 am
8 am	8 am	8 am
9 am	9 am	9 am
10 am	10 am	10 am
11 am	11 am	11 am
12 am	12 am	12 am
1 pm	1 pm	1 pm
2 pm	2 pm	2 pm
3 pm	3 pm	3 pm
4 pm	4 pm	4 pm
5 pm	5 pm	5 pm
6 pm	6 pm	6 pm
7 pm	7 pm	7 pm
8 pm	8 pm	8 pm

February 2023

justuslead

13
MON

14
TUE

15
WED

16
THU

Feb 2023

justuslead

NOTES

6 am	6 am	6 am
7 am	7 am	7 am
8 am	8 am	8 am
9 am	9 am	9 am
10 am	10 am	10 am
11 am	11 am	11 am
12 am	12 am	12 am
1 pm	1 pm	1 pm
2 pm	2 pm	2 pm
3 pm	3 pm	3 pm
4 pm	4 pm	4 pm
5 pm	5 pm	5 pm
6 pm	6 pm	6 pm
7 pm	7 pm	7 pm
8 pm	8 pm	8 pm

February 2023

S	M	T	W	T	F	S
			1	2	3	4
5	6	7	8	9	10	11
12	13	14	15	16	17	18
19	20	21	22	23	24	25
26	27	28				

February 2023

17
FRI

18
SAT

19
SUN

20
MON

Feb 2023

justuslead

NOTES

6 am	6 am	6 am
7 am	7 am	7 am
8 am	8 am	8 am
9 am	9 am	9 am
10 am	10 am	10 am
11 am	11 am	11 am
12 am	12 am	12 am
1 pm	1 pm	1 pm
2 pm	2 pm	2 pm
3 pm	3 pm	3 pm
4 pm	4 pm	4 pm
5 pm	5 pm	5 pm
6 pm	6 pm	6 pm
7 pm	7 pm	7 pm
8 pm	8 pm	8 pm

February 2023

S	M	T	W	T	F	S
			1	2	3	4
5	6	7	8	9	10	11
12	13	14	15	16	17	18
19	20	21	22	23	24	25
26	27	28				

February 2023

justuslead

21
TUE

22
WED

23
THU

24
FRI

Feb 2023

justuslead

NOTES

6 am	6 am	6 am
7 am	7 am	7 am
8 am	8 am	8 am
9 am	9 am	9 am
10 am	10 am	10 am
11 am	11 am	11 am
12 am	12 am	12 am
1 pm	1 pm	1 pm
2 pm	2 pm	2 pm
3 pm	3 pm	3 pm
4 pm	4 pm	4 pm
5 pm	5 pm	5 pm
6 pm	6 pm	6 pm
7 pm	7 pm	7 pm
8 pm	8 pm	8 pm

February 2023

S	M	T	W	T	F	S
			1	2	3	4
5	6	7	8	9	10	11
12	13	14	15	16	17	18
19	20	21	22	23	24	25
26	27	28				

February 2023

25
SAT

26
SUN

27
MON

28
TUE

Feb 2023

justuslead

NOTES

6 am	6 am	6 am
7 am	7 am	7 am
8 am	8 am	8 am
9 am	9 am	9 am
10 am	10 am	10 am
11 am	11 am	11 am
12 am	12 am	12 am
1 pm	1 pm	1 pm
2 pm	2 pm	2 pm
3 pm	3 pm	3 pm
4 pm	4 pm	4 pm
5 pm	5 pm	5 pm
6 pm	6 pm	6 pm
7 pm	7 pm	7 pm
8 pm	8 pm	8 pm

February 2023

S	M	T	W	T	F	S
			1	2	3	4
5	6	7	8	9	10	11
12	13	14	15	16	17	18
19	20	21	22	23	24	25
26	27	28				

I said what I said.....

I said what I said.....

justuslead

I said what I said.....

justuslead

we focus on the resolution
not the battle

I said what I said.....

I DO NOT KNOW WHO NEEDS TO HEAR THIS BUT LET THEM GO. IF THEY ARE NOT PRESENT YOU CANNOT MAKE THEM BE PRESENT. IT IS ON KARMA NOW AND YOU SHE IS A BISH!

justuslead

March 2023

AFFIRMATIONS

IMPORTANT DATES

REMINDER

TO DO LIST

KEY

○ Parent 1 ○ Parent 2

◉ No show

◉ Modification

○ Cancelled

◉ Late

◉ Arrived on time

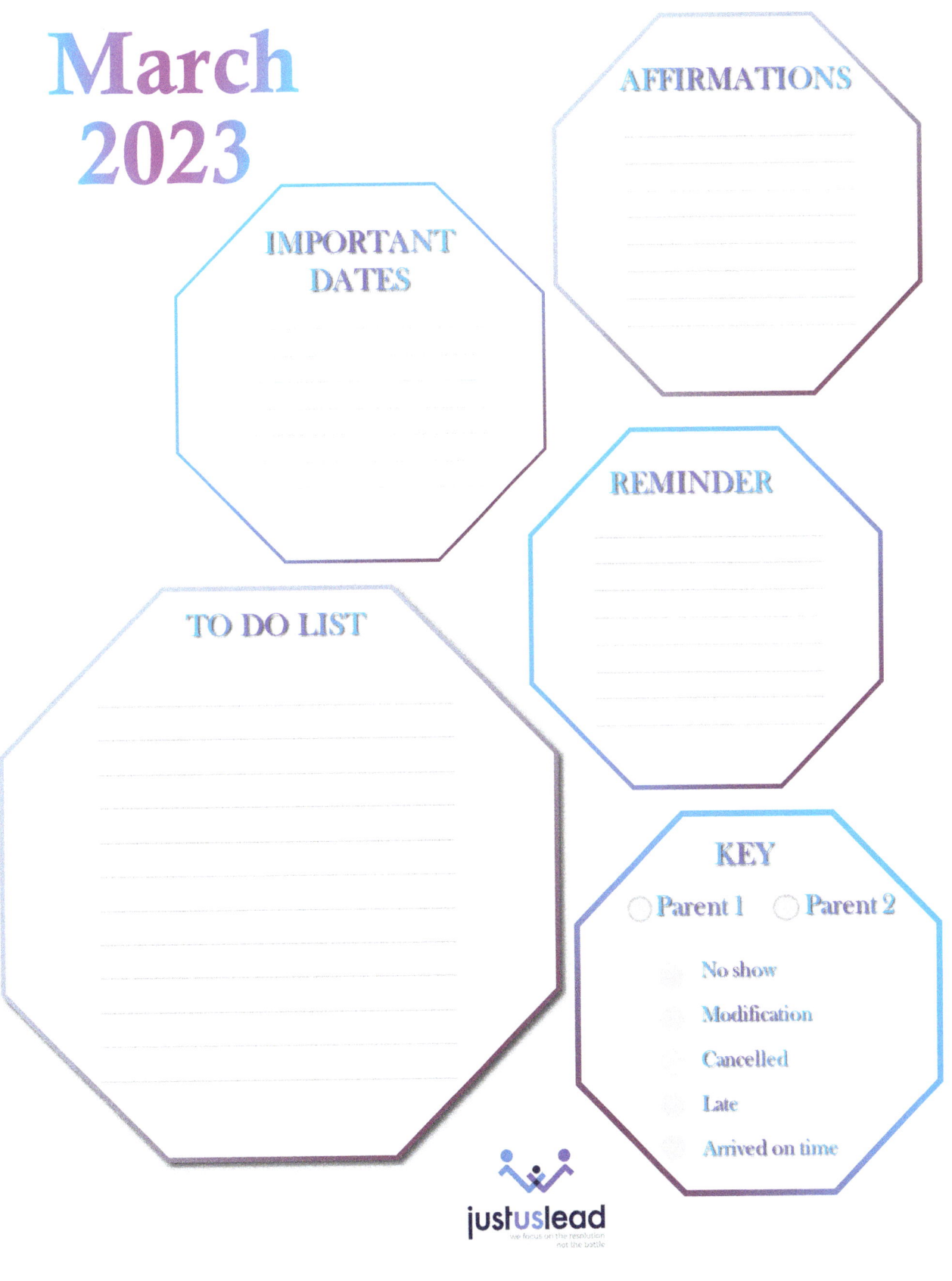

justuslead
we focus on the resolution
not the battle

March 2023

SUNDAY	MONDAY	TUESDAY	WEDNESDAY
			01
05	06	07	08
12	13	14	15
19	20	21	22
26	27	28	29

THURSDAY	FRIDAY	SATURDAY	NOTES
○ 02	○ 03	○ 04	
○ 09	○ 10	○ 11	
○ 16	○ 17	○ 18	
○ 23	○ 24	○ 25	
○ 30	○ 31		

March 2023

S	M	T	W	T	F	S
			1	2	3	4
5	6	7	8	9	10	11
12	13	14	15	16	17	18
19	20	21	22	23	24	25
26	27	28	29	30	31

March 2023

justuslead

01
WED

02
THU

03
FRI

04
SAT

Mar 2023

justuslead

NOTES

6 am	6 am	6 am
7 am	7 am	7 am
8 am	8 am	8 am
9 am	9 am	9 am
10 am	10 am	10 am
11 am	11 am	11 am
12 am	12 am	12 am
1 pm	1 pm	1 pm
2 pm	2 pm	2 pm
3 pm	3 pm	3 pm
4 pm	4 pm	4 pm
5 pm	5 pm	5 pm
6 pm	6 pm	6 pm
7 pm	7 pm	7 pm
8 pm	8 pm	8 pm

March 2023

S	M	T	W	T	F	S
			1	2	3	4
5	6	7	8	9	10	11
12	13	14	15	16	17	18
19	20	21	22	23	24	25
26	27	28	29	30	31	

March 2023

justuslead

05
SUN

06
MON

07
TUE

08
WED

Mar 2023

justuslead

NOTES

6 am	6 am	6 am
7 am	7 am	7 am
8 am	8 am	8 am
9 am	9 am	9 am
10 am	10 am	10 am
11 am	11 am	11 am
12 am	12 am	12 am
1 pm	1 pm	1 pm
2 pm	2 pm	2 pm
3 pm	3 pm	3 pm
4 pm	4 pm	4 pm
5 pm	5 pm	5 pm
6 pm	6 pm	6 pm
7 pm	7 pm	7 pm
8 pm	8 pm	8 pm

March 2023

S	M	T	W	T	F	S
			1	2	3	4
5	6	7	8	9	10	11
12	13	14	15	16	17	18
19	20	21	22	23	24	25
26	27	28	29	30	31	

March 2023

justuslead

09
THU

10
FRI

11
SAT

12
SUN

Mar 2023

justuslead

NOTES

6 am	6 am	6 am
7 am	7 am	7 am
8 am	8 am	8 am
9 am	9 am	9 am
10 am	10 am	10 am
11 am	11 am	11 am
12 am	12 am	12 am
1 pm	1 pm	1 pm
2 pm	2 pm	2 pm
3 pm	3 pm	3 pm
4 pm	4 pm	4 pm
5 pm	5 pm	5 pm
6 pm	6 pm	6 pm
7 pm	7 pm	7 pm
8 pm	8 pm	8 pm

March 2023

S	M	T	W	T	F	S
			1	2	3	4
5	6	7	8	9	10	11
12	13	14	15	16	17	18
19	20	21	22	23	24	25
26	27	28	29	30	31	

March 2023

justuslead

13
MON

14
TUE

15
WED

16
THU

Mar 2023

justuslead

NOTES

6 am	6 am	6 am
7 am	7 am	7 am
8 am	8 am	8 am
9 am	9 am	9 am
10 am	10 am	10 am
11 am	11 am	11 am
12 am	12 am	12 am
1 pm	1 pm	1 pm
2 pm	2 pm	2 pm
3 pm	3 pm	3 pm
4 pm	4 pm	4 pm
5 pm	5 pm	5 pm
6 pm	6 pm	6 pm
7 pm	7 pm	7 pm
8 pm	8 pm	8 pm

March 2023

S	M	T	W	T	F	S
			1	2	3	4
5	6	7	8	9	10	11
12	13	14	15	16	17	18
19	20	21	22	23	24	25
26	27	28	29	30	31	

March 2023

justuslead

17
FRI

18
SAT

19
SUN

20
MON

Mar 2023

justuslead

NOTES

March 2023

S	M	T	W	T	F	S
			1	2	3	4
5	6	7	8	9	10	11
12	13	14	15	16	17	18
19	20	21	22	23	24	25
26	27	28	29	30	31	

6 am	6 am	6 am
7 am	7 am	7 am
8 am	8 am	8 am
9 am	9 am	9 am
10 am	10 am	10 am
11 am	11 am	11 am
12 am	12 am	12 am
1 pm	1 pm	1 pm
2 pm	2 pm	2 pm
3 pm	3 pm	3 pm
4 pm	4 pm	4 pm
5 pm	5 pm	5 pm
6 pm	6 pm	6 pm
7 pm	7 pm	7 pm
8 pm	8 pm	8 pm

March 2023

justuslead

21
TUE

22
WED

23
THU

24
FRI

Mar 2023

justuslead

NOTES

6 am	6 am	6 am
7 am	7 am	7 am
8 am	8 am	8 am
9 am	9 am	9 am
10 am	10 am	10 am
11 am	11 am	11 am
12 am	12 am	12 am
1 pm	1 pm	1 pm
2 pm	2 pm	2 pm
3 pm	3 pm	3 pm
4 pm	4 pm	4 pm
5 pm	5 pm	5 pm
6 pm	6 pm	6 pm
7 pm	7 pm	7 pm
8 pm	8 pm	8 pm

March 2023

S	M	T	W	T	F	S
			1	2	3	4
5	6	7	8	9	10	11
12	13	14	15	16	17	18
19	20	21	22	23	24	25
26	27	28	29	30	31	

March 2023

justuslead

25
SAT

26
SUN

27
MON

28
TUE

Mar 2023

justuslead

NOTES

6 am	6 am	6 am
7 am	7 am	7 am
8 am	8 am	8 am
9 am	9 am	9 am
10 am	10 am	10 am
11 am	11 am	11 am
12 am	12 am	12 am
1 pm	1 pm	1 pm
2 pm	2 pm	2 pm
3 pm	3 pm	3 pm
4 pm	4 pm	4 pm
5 pm	5 pm	5 pm
6 pm	6 pm	6 pm
7 pm	7 pm	7 pm
8 pm	8 pm	8 pm

March 2023

S	M	T	W	T	F	S
			1	2	3	4
5	6	7	8	9	10	11
12	13	14	15	16	17	18
19	20	21	22	23	24	25
26	27	28	29	30	31	

March 2023

justuslead

29
WED

30
THU

31
FRI

Mar 2023

justuslead

NOTES

6 am	6 am	6 am
7 am	7 am	7 am
8 am	8 am	8 am
9 am	9 am	9 am
10 am	10 am	10 am
11 am	11 am	11 am
12 am	12 am	12 am
1 pm	1 pm	1 pm
2 pm	2 pm	2 pm
3 pm	3 pm	3 pm
4 pm	4 pm	4 pm
5 pm	5 pm	5 pm
6 pm	6 pm	6 pm
7 pm	7 pm	7 pm
8 pm	8 pm	8 pm

March 2023

S	M	T	W	T	F	S
			1	2	3	4
5	6	7	8	9	10	11
12	13	14	15	16	17	18
19	20	21	22	23	24	25
26	27	28	29	30	31	

I said what I said.....

justuslead
we focus on the resolution not the battle

I said what I said.....

justuslead
we focus on the resolution
not the battle

I said what I said.....

I said what I said.....

justuslead
we focus on the resolution
not the battle

FIGHTING FOR YOUR CHILDREN DOES NOT MAKE YOU WEAK BUT FIGHTING OVER YOUR CHILDREN DOES!

READ THAT AGAIN

April 2023

AFFIRMATIONS

IMPORTANT DATES

REMINDER

TO DO LIST

KEY

○ Parent 1 ○ Parent 2

- No show
- Modification
- Cancelled
- Late
- Arrived on time

April 2023

SUNDAY	MONDAY	TUESDAY	WEDNESDAY
02	03	04	05
09	10	11	12
16	17	18	19
23	24	25	26
30			

THURSDAY	FRIDAY	SATURDAY
○	○	○ 01
○ 06	○ 07	○ 08
○ 13	○ 14	○ 15
○ 20	○ 21	○ 22
○ 27	○ 28	○ 29

NOTES

April 2023

S	M	T	W	T	F	S
						1
2	3	4	5	6	7	8
9	10	11	12	13	14	15
16	17	18	19	20	21	22
23	24	25	26	27	28	29
30

April 2023

justuslead

01
SAT

02
SUN

03
MON

04
TUE

Apr 2023

justuslead

NOTES

6 am	6 am	6 am
7 am	7 am	7 am
8 am	8 am	8 am
9 am	9 am	9 am
10 am	10 am	10 am
11 am	11 am	11 am
12 am	12 am	12 am
1 pm	1 pm	1 pm
2 pm	2 pm	2 pm
3 pm	3 pm	3 pm
4 pm	4 pm	4 pm
5 pm	5 pm	5 pm
6 pm	6 pm	6 pm
7 pm	7 pm	7 pm
8 pm	8 pm	8 pm

April 2023

S	M	T	W	T	F	S
						1
2	3	4	5	6	7	8
9	10	11	12	13	14	15
16	17	18	19	20	21	22
23	24	25	26	27	28	29
30						

April 2023

05
WED

06
THU

07
FRI

08
SAT

Apr 2023

justuslead

NOTES

April 2023

S	M	T	W	T	F	S
						1
2	3	4	5	6	7	8
9	10	11	12	13	14	15
16	17	18	19	20	21	22
23	24	25	26	27	28	29
30						

6 am	6 am	6 am
7 am	7 am	7 am
8 am	8 am	8 am
9 am	9 am	9 am
10 am	10 am	10 am
11 am	11 am	11 am
12 am	12 am	12 am
1 pm	1 pm	1 pm
2 pm	2 pm	2 pm
3 pm	3 pm	3 pm
4 pm	4 pm	4 pm
5 pm	5 pm	5 pm
6 pm	6 pm	6 pm
7 pm	7 pm	7 pm
8 pm	8 pm	8 pm

April 2023

justuslead

09
SUN

10
MON

11
TUE

12
WED

Apr 2023

justuslead

NOTES

April 2023

S	M	T	W	T	F	S
						1
2	3	4	5	6	7	8
9	10	11	12	13	14	15
16	17	18	19	20	21	22
23	24	25	26	27	28	29
30						

6 am	6 am	6 am
7 am	7 am	7 am
8 am	8 am	8 am
9 am	9 am	9 am
10 am	10 am	10 am
11 am	11 am	11 am
12 am	12 am	12 am
1 pm	1 pm	1 pm
2 pm	2 pm	2 pm
3 pm	3 pm	3 pm
4 pm	4 pm	4 pm
5 pm	5 pm	5 pm
6 pm	6 pm	6 pm
7 pm	7 pm	7 pm
8 pm	8 pm	8 pm

April 2023

justuslead

13
THU

14
FRI

15
SAT

16
SUN

Apr 2023

justuslead

NOTES

6 am	6 am	6 am
7 am	7 am	7 am
8 am	8 am	8 am
9 am	9 am	9 am
10 am	10 am	10 am
11 am	11 am	11 am
12 am	12 am	12 am
1 pm	1 pm	1 pm
2 pm	2 pm	2 pm
3 pm	3 pm	3 pm
4 pm	4 pm	4 pm
5 pm	5 pm	5 pm
6 pm	6 pm	6 pm
7 pm	7 pm	7 pm
8 pm	8 pm	8 pm

April 2023

S	M	T	W	T	F	S
						1
2	3	4	5	6	7	8
9	10	11	12	13	14	15
16	17	18	19	20	21	22
23	24	25	26	27	28	29
30						

April 2023

justuslead

17
MON

18
TUE

19
WED

20
THU

Apr 2023

justuslead

NOTES

6 am	6 am	6 am
7 am	7 am	7 am
8 am	8 am	8 am
9 am	9 am	9 am
10 am	10 am	10 am
11 am	11 am	11 am
12 am	12 am	12 am
1 pm	1 pm	1 pm
2 pm	2 pm	2 pm
3 pm	3 pm	3 pm
4 pm	4 pm	4 pm
5 pm	5 pm	5 pm
6 pm	6 pm	6 pm
7 pm	7 pm	7 pm
8 pm	8 pm	8 pm

April 2023

S	M	T	W	T	F	S
						1
2	3	4	5	6	7	8
9	10	11	12	13	14	15
16	17	18	19	20	21	22
23	24	25	26	27	28	29
30						

April 2023

justuslead

21
FRI

22
SAT

23
SUN

24
MON

Apr 2023

justuslead

NOTES

6 am	6 am	6 am
7 am	7 am	7 am
8 am	8 am	8 am
9 am	9 am	9 am
10 am	10 am	10 am
11 am	11 am	11 am
12 am	12 am	12 am
1 pm	1 pm	1 pm
2 pm	2 pm	2 pm
3 pm	3 pm	3 pm
4 pm	4 pm	4 pm
5 pm	5 pm	5 pm
6 pm	6 pm	6 pm
7 pm	7 pm	7 pm
8 pm	8 pm	8 pm

April 2023

S	M	T	W	T	F	S
						1
2	3	4	5	6	7	8
9	10	11	12	13	14	15
16	17	18	19	20	21	22
23	24	25	26	27	28	29
30						

April 2023

justuslead

25
TUE

26
WED

27
THU

28
FRI

Apr 2023

justuslead

NOTES

6 am	6 am	6 am
7 am	7 am	7 am
8 am	8 am	8 am
9 am	9 am	9 am
10 am	10 am	10 am
11 am	11 am	11 am
12 am	12 am	12 am
1 pm	1 pm	1 pm
2 pm	2 pm	2 pm
3 pm	3 pm	3 pm
4 pm	4 pm	4 pm
5 pm	5 pm	5 pm
6 pm	6 pm	6 pm
7 pm	7 pm	7 pm
8 pm	8 pm	8 pm

April 2023

S	M	T	W	T	F	S
						1
2	3	4	5	6	7	8
9	10	11	12	13	14	15
16	17	18	19	20	21	22
23	24	25	26	27	28	29
30						

April 2023

justuslead

29
SAT

30
SUN

Apr 2023

justuslead

NOTES

6 am	6 am	6 am
7 am	7 am	7 am
8 am	8 am	8 am
9 am	9 am	9 am
10 am	10 am	10 am
11 am	11 am	11 am
12 am	12 am	12 am
1 pm	1 pm	1 pm
2 pm	2 pm	2 pm
3 pm	3 pm	3 pm
4 pm	4 pm	4 pm
5 pm	5 pm	5 pm
6 pm	6 pm	6 pm
7 pm	7 pm	7 pm
8 pm	8 pm	8 pm

April 2023

S	M	T	W	T	F	S
						1
2	3	4	5	6	7	8
9	10	11	12	13	14	15
16	17	18	19	20	21	22
23	24	25	26	27	28	29
30						

I said what I said.....

justuslead
we focus on the resolution not the battle

I said what I said.....

justuslead
we focus on the resolution not the battle

I said what I said.....

justuslead
we focus on the resolution not the battle

I said what I said.....

justuslead
we focus on the resolution
not the battle

IF THE CHILD DOES NOT WIN IN A CUSTODY BATTLE, THEN NEITHER OF THE PARENTS WON EITHER!

justuslead

we focus on the resolution not the battle

May 2023

AFFIRMATIONS

IMPORTANT DATES

REMINDER

TO DO LIST

KEY

○ Parent 1 ○ Parent 2

- No show
- Modification
- Cancelled
- Late
- Arrived on time

May 2023

SUNDAY	MONDAY	TUESDAY	WEDNESDAY
	01	02	03
07	08	09	10
14	15	16	17
21	22	23	24
28	29	30	31

THURSDAY	FRIDAY	SATURDAY
○ 04	○ 05	○ 06
○ 11	○ 12	○ 13
○ 18	○ 19	○ 20
○ 25	○ 26	○ 27

NOTES

May 2023

S	M	T	W	T	F	S
	1	2	3	4	5	6
7	8	9	10	11	12	13
14	15	16	17	18	19	20
21	22	23	24	25	26	27
28	29	30	31

May 2023

justuslead

01
MON

02
TUE

03
WED

04
THU

May 2023

justuslead

NOTES

6 am	6 am	6 am
7 am	7 am	7 am
8 am	8 am	8 am
9 am	9 am	9 am
10 am	10 am	10 am
11 am	11 am	11 am
12 am	12 am	12 am
1 pm	1 pm	1 pm
2 pm	2 pm	2 pm
3 pm	3 pm	3 pm
4 pm	4 pm	4 pm
5 pm	5 pm	5 pm
6 pm	6 pm	6 pm
7 pm	7 pm	7 pm
8 pm	8 pm	8 pm

May 2023

S	M	T	W	T	F	S
	1	2	3	4	5	6
7	8	9	10	11	12	13
14	15	16	17	18	19	20
21	22	23	24	25	26	27
28	29	30	31			

May 2023

justuslead

05
FRI

06
SAT

07
SUN

08
MON

May 2023

justuslead

NOTES

6 am	6 am	6 am
7 am	7 am	7 am
8 am	8 am	8 am
9 am	9 am	9 am
10 am	10 am	10 am
11 am	11 am	11 am
12 am	12 am	12 am
1 pm	1 pm	1 pm
2 pm	2 pm	2 pm
3 pm	3 pm	3 pm
4 pm	4 pm	4 pm
5 pm	5 pm	5 pm
6 pm	6 pm	6 pm
7 pm	7 pm	7 pm
8 pm	8 pm	8 pm

May 2023

S	M	T	W	T	F	S
	1	2	3	4	5	6
7	8	9	10	11	12	13
14	15	16	17	18	19	20
21	22	23	24	25	26	27
28	29	30	31			

May 2023

justuslead

09
TUE

10
WED

11
THU

12
FRI

May 2023

justuslead

NOTES

6 am	6 am	6 am
7 am	7 am	7 am
8 am	8 am	8 am
9 am	9 am	9 am
10 am	10 am	10 am
11 am	11 am	11 am
12 am	12 am	12 am
1 pm	1 pm	1 pm
2 pm	2 pm	2 pm
3 pm	3 pm	3 pm
4 pm	4 pm	4 pm
5 pm	5 pm	5 pm
6 pm	6 pm	6 pm
7 pm	7 pm	7 pm
8 pm	8 pm	8 pm

May 2023

S	M	T	W	T	F	S
	1	2	3	4	5	6
7	8	9	10	11	12	13
14	15	16	17	18	19	20
21	22	23	24	25	26	27
28	29	30	31			

May 2023

justuslead

13
SAT

14
SUN

15
MON

16
TUE

May 2023

justuslead

NOTES

6 am	6 am	6 am
7 am	7 am	7 am
8 am	8 am	8 am
9 am	9 am	9 am
10 am	10 am	10 am
11 am	11 am	11 am
12 am	12 am	12 am
1 pm	1 pm	1 pm
2 pm	2 pm	2 pm
3 pm	3 pm	3 pm
4 pm	4 pm	4 pm
5 pm	5 pm	5 pm
6 pm	6 pm	6 pm
7 pm	7 pm	7 pm
8 pm	8 pm	8 pm

May 2023

S	M	T	W	T	F	S
	1	2	3	4	5	6
7	8	9	10	11	12	13
14	15	16	17	18	19	20
21	22	23	24	25	26	27
28	29	30	31			

May 2023

justuslead

17
WED

18
THU

19
FRI

20
SAT

May 2023

justuslead

NOTES

6 am	6 am	6 am
7 am	7 am	7 am
8 am	8 am	8 am
9 am	9 am	9 am
10 am	10 am	10 am
11 am	11 am	11 am
12 am	12 am	12 am
1 pm	1 pm	1 pm
2 pm	2 pm	2 pm
3 pm	3 pm	3 pm
4 pm	4 pm	4 pm
5 pm	5 pm	5 pm
6 pm	6 pm	6 pm
7 pm	7 pm	7 pm
8 pm	8 pm	8 pm

May 2023

S	M	T	W	T	F	S
	1	2	3	4	5	6
7	8	9	10	11	12	13
14	15	16	17	18	19	20
21	22	23	24	25	26	27
28	29	30	31			

May 2023

justuslead

21
SUN

22
MON

23
TUE

24
WED

May 2023

justuslead

NOTES

6 am	6 am	6 am
7 am	7 am	7 am
8 am	8 am	8 am
9 am	9 am	9 am
10 am	10 am	10 am
11 am	11 am	11 am
12 am	12 am	12 am
1 pm	1 pm	1 pm
2 pm	2 pm	2 pm
3 pm	3 pm	3 pm
4 pm	4 pm	4 pm
5 pm	5 pm	5 pm
6 pm	6 pm	6 pm
7 pm	7 pm	7 pm
8 pm	8 pm	8 pm

May 2023

S	M	T	W	T	F	S
	1	2	3	4	5	6
7	8	9	10	11	12	13
14	15	16	17	18	19	20
21	22	23	24	25	26	27
28	29	30	31			

May 2023

justuslead

25
THU

26
FRI

27
SAT

28
SUN

May 2023

justuslead

NOTES

6 am	6 am	6 am
7 am	7 am	7 am
8 am	8 am	8 am
9 am	9 am	9 am
10 am	10 am	10 am
11 am	11 am	11 am
12 am	12 am	12 am
1 pm	1 pm	1 pm
2 pm	2 pm	2 pm
3 pm	3 pm	3 pm
4 pm	4 pm	4 pm
5 pm	5 pm	5 pm
6 pm	6 pm	6 pm
7 pm	7 pm	7 pm
8 pm	8 pm	8 pm

May 2023

S	M	T	W	T	F	S
	1	2	3	4	5	6
7	8	9	10	11	12	13
14	15	16	17	18	19	20
21	22	23	24	25	26	27
28	29	30	31			

May 2023

justuslead

29
MON

30
TUE

31
WED

May 2023

justuslead

NOTES

6 am	6 am	6 am
7 am	7 am	7 am
8 am	8 am	8 am
9 am	9 am	9 am
10 am	10 am	10 am
11 am	11 am	11 am
12 am	12 am	12 am
1 pm	1 pm	1 pm
2 pm	2 pm	2 pm
3 pm	3 pm	3 pm
4 pm	4 pm	4 pm
5 pm	5 pm	5 pm
6 pm	6 pm	6 pm
7 pm	7 pm	7 pm
8 pm	8 pm	8 pm

May 2023

S	M	T	W	T	F	S
	1	2	3	4	5	6
7	8	9	10	11	12	13
14	15	16	17	18	19	20
21	22	23	24	25	26	27
28	29	30	31			

I said what I said.....

I said what I said.....

justuslead
we focus on the resolution
not the battle

I said what I said.....

justuslead
we focus on the revolution
not the battle

I said what I said.....

YOU CAN DANCE IN THE RAIN LIKE NO ONE IS WATCHING. BUT YOU BETTER NOT TEXT, EMAIL AND POST ON SOCIAL MEDIA LIKE THAT BECAUSE THE JUDGE AND THEIR ATTORNEY ARE MOST DEFINITELY WATCHING.

WHAT YOU DISPLAY WILL SHOW UP IN COURT ONE DAY!

justuslead
we focus on the resolution not the battle

June 2023

AFFIRMATIONS

IMPORTANT DATES

REMINDER

TO DO LIST

KEY

○ Parent 1 ○ Parent 2

- No show
- Modification
- Cancelled
- Late
- Arrived on time

June 2023

SUNDAY	MONDAY	TUESDAY	WEDNESDAY
04	05	06	07
11	12	13	14
18	19	20	21
25	26	27	28

THURSDAY	FRIDAY	SATURDAY
○ 01	○ 02	○ 03
○ 08	○ 09	○ 10
○ 15	○ 16	○ 17
○ 22	○ 23	○ 24
○ 29	○ 30	

NOTES

June 2023

S	M	T	W	T	F	S
				1	2	3
4	5	6	7	8	9	10
11	12	13	14	15	16	17
18	19	20	21	22	23	24
25	26	27	28	29	30

June 2023

justuslead

01
THU

02
FRI

03
SAT

04
SUN

Jun 2023

justuslead

NOTES

6 am	6 am	6 am
7 am	7 am	7 am
8 am	8 am	8 am
9 am	9 am	9 am
10 am	10 am	10 am
11 am	11 am	11 am
12 am	12 am	12 am
1 pm	1 pm	1 pm
2 pm	2 pm	2 pm
3 pm	3 pm	3 pm
4 pm	4 pm	4 pm
5 pm	5 pm	5 pm
6 pm	6 pm	6 pm
7 pm	7 pm	7 pm
8 pm	8 pm	8 pm

June 2023

S	M	T	W	T	F	S
				1	2	3
4	5	6	7	8	9	10
11	12	13	14	15	16	17
18	19	20	21	22	23	24
25	26	27	28	29	30	

June 2023

justuslead

05
MON

06
TUE

07
WED

08
THU

Jun 2023

justuslead

NOTES

June 2023

S	M	T	W	T	F	S
				1	2	3
4	5	6	7	8	9	10
11	12	13	14	15	16	17
18	19	20	21	22	23	24
25	26	27	28	29	30	

6 am	6 am	6 am
7 am	7 am	7 am
8 am	8 am	8 am
9 am	9 am	9 am
10 am	10 am	10 am
11 am	11 am	11 am
12 am	12 am	12 am
1 pm	1 pm	1 pm
2 pm	2 pm	2 pm
3 pm	3 pm	3 pm
4 pm	4 pm	4 pm
5 pm	5 pm	5 pm
6 pm	6 pm	6 pm
7 pm	7 pm	7 pm
8 pm	8 pm	8 pm

June 2023

justuslead

09
FRI

10
SAT

11
SUN

12
MON

Jun 2023

justuslead

NOTES

June 2023

S	M	T	W	T	F	S
				1	2	3
4	5	6	7	8	9	10
11	12	13	14	15	16	17
18	19	20	21	22	23	24
25	26	27	28	29	30	

6 am	6 am	6 am
7 am	7 am	7 am
8 am	8 am	8 am
9 am	9 am	9 am
10 am	10 am	10 am
11 am	11 am	11 am
12 am	12 am	12 am
1 pm	1 pm	1 pm
2 pm	2 pm	2 pm
3 pm	3 pm	3 pm
4 pm	4 pm	4 pm
5 pm	5 pm	5 pm
6 pm	6 pm	6 pm
7 pm	7 pm	7 pm
8 pm	8 pm	8 pm

June 2023

justuslead

13
TUE

14
WED

15
THU

16
FRI

Jun 2023

justuslead

NOTES

6 am	6 am	6 am
7 am	7 am	7 am
8 am	8 am	8 am
9 am	9 am	9 am
10 am	10 am	10 am
11 am	11 am	11 am
12 am	12 am	12 am
1 pm	1 pm	1 pm
2 pm	2 pm	2 pm
3 pm	3 pm	3 pm
4 pm	4 pm	4 pm
5 pm	5 pm	5 pm
6 pm	6 pm	6 pm
7 pm	7 pm	7 pm
8 pm	8 pm	8 pm

June 2023

S	M	T	W	T	F	S
				1	2	3
4	5	6	7	8	9	10
11	12	13	14	15	16	17
18	19	20	21	22	23	24
25	26	27	28	29	30	

June 2023

justuslead

17
SAT

18
SUN

19
MON

20
TUE

Jun 2023

justuslead

NOTES

June 2023

S	M	T	W	T	F	S
				1	2	3
4	5	6	7	8	9	10
11	12	13	14	15	16	17
18	19	20	21	22	23	24
25	26	27	28	29	30	

6 am	6 am	6 am
7 am	7 am	7 am
8 am	8 am	8 am
9 am	9 am	9 am
10 am	10 am	10 am
11 am	11 am	11 am
12 am	12 am	12 am
1 pm	1 pm	1 pm
2 pm	2 pm	2 pm
3 pm	3 pm	3 pm
4 pm	4 pm	4 pm
5 pm	5 pm	5 pm
6 pm	6 pm	6 pm
7 pm	7 pm	7 pm
8 pm	8 pm	8 pm

June 2023

justuslead

21
WED

22
THU

23
FRI

24
SAT

Jun 2023

justuslead

NOTES

6 am	6 am	6 am
7 am	7 am	7 am
8 am	8 am	8 am
9 am	9 am	9 am
10 am	10 am	10 am
11 am	11 am	11 am
12 am	12 am	12 am
1 pm	1 pm	1 pm
2 pm	2 pm	2 pm
3 pm	3 pm	3 pm
4 pm	4 pm	4 pm
5 pm	5 pm	5 pm
6 pm	6 pm	6 pm
7 pm	7 pm	7 pm
8 pm	8 pm	8 pm

June 2023

S	M	T	W	T	F	S
				1	2	3
4	5	6	7	8	9	10
11	12	13	14	15	16	17
18	19	20	21	22	23	24
25	26	27	28	29	30	

June 2023

justuslead

25
SUN

26
MON

27
TUE

28
WED

Jun 2023

justuslead

NOTES

6 am	6 am	6 am
7 am	7 am	7 am
8 am	8 am	8 am
9 am	9 am	9 am
10 am	10 am	10 am
11 am	11 am	11 am
12 am	12 am	12 am
1 pm	1 pm	1 pm
2 pm	2 pm	2 pm
3 pm	3 pm	3 pm
4 pm	4 pm	4 pm
5 pm	5 pm	5 pm
6 pm	6 pm	6 pm
7 pm	7 pm	7 pm
8 pm	8 pm	8 pm

June 2023

S	M	T	W	T	F	S
				1	2	3
4	5	6	7	8	9	10
11	12	13	14	15	16	17
18	19	20	21	22	23	24
25	26	27	28	29	30	

June 2023

justuslead

29
THU

30
FRI

Jun 2023

justuslead

NOTES

June 2023

S	M	T	W	T	F	S
				1	2	3
4	5	6	7	8	9	10
11	12	13	14	15	16	17
18	19	20	21	22	23	24
25	26	27	28	29	30	

6 am	6 am	6 am
7 am	7 am	7 am
8 am	8 am	8 am
9 am	9 am	9 am
10 am	10 am	10 am
11 am	11 am	11 am
12 am	12 am	12 am
1 pm	1 pm	1 pm
2 pm	2 pm	2 pm
3 pm	3 pm	3 pm
4 pm	4 pm	4 pm
5 pm	5 pm	5 pm
6 pm	6 pm	6 pm
7 pm	7 pm	7 pm
8 pm	8 pm	8 pm

I said what I said.....

justuslead
we focus on the resolution
not the battle

I said what I said.....

justuslead
we focus on the resolution
not the battle

I said what I said.....

I said what I said.....

justuslead
we focus on the resolution not the battle

NO FAULT STATES

1. WISCONSIN
2. OREGON
3. WASHINGTON
4. NEVADA
5. MONTANA
6. MISSOURI
7. MINNESOTA
8. MICHIGAN
9. KENTUCKY
10. KANSAS
11. IOWA
12. INDIANA
13. HAWAII
14. FLORIDA
15. COLORADO
16. CALIFORNIA

July 2023

AFFIRMATIONS

IMPORTANT DATES

REMINDER

TO DO LIST

KEY

○ Parent 1 ○ Parent 2

- No show
- Modification
- Cancelled
- Late
- Arrived on time

July 2023

SUNDAY	MONDAY	TUESDAY	WEDNESDAY
02	03	04	05
09	10	11	12
16	17	18	19
23	24	25	26
30	31		

THURSDAY	FRIDAY	SATURDAY
○	○	○ 01
○ 06	○ 07	○ 08
○ 13	○ 14	○ 15
○ 20	○ 21	○ 22
○ 27	○ 28	○ 29

NOTES

July 2023

S	M	T	W	T	F	S
						1
2	3	4	5	6	7	8
9	10	11	12	13	14	15
16	17	18	19	20	21	22
23	24	25	26	27	28	29
30	31

July 2023

justuslead

01
SAT

02
SUN

03
MON

04
TUE

July 2023

justuslead

NOTES

6 am	6 am	6 am
7 am	7 am	7 am
8 am	8 am	8 am
9 am	9 am	9 am
10 am	10 am	10 am
11 am	11 am	11 am
12 am	12 am	12 am
1 pm	1 pm	1 pm
2 pm	2 pm	2 pm
3 pm	3 pm	3 pm
4 pm	4 pm	4 pm
5 pm	5 pm	5 pm
6 pm	6 pm	6 pm
7 pm	7 pm	7 pm
8 pm	8 pm	8 pm

July 2023

S	M	T	W	T	F	S
						1
2	3	4	5	6	7	8
9	10	11	12	13	14	15
16	17	18	19	20	21	22
23	24	25	26	27	28	29
30	31					

July 2023

justuslead

05
WED

06
THU

07
FRI

08
SAT

July 2023

justuslead

NOTES

6 am	6 am	6 am
7 am	7 am	7 am
8 am	8 am	8 am
9 am	9 am	9 am
10 am	10 am	10 am
11 am	11 am	11 am
12 am	12 am	12 am
1 pm	1 pm	1 pm
2 pm	2 pm	2 pm
3 pm	3 pm	3 pm
4 pm	4 pm	4 pm
5 pm	5 pm	5 pm
6 pm	6 pm	6 pm
7 pm	7 pm	7 pm
8 pm	8 pm	8 pm

July 2023

S	M	T	W	T	F	S
						1
2	3	4	5	6	7	8
9	10	11	12	13	14	15
16	17	18	19	20	21	22
23	24	25	26	27	28	29
30	31					

July 2023

justuslead

09
SUN

10
MON

11
TUE

12
WED

July 2023

justuslead

NOTES

July 2023

S	M	T	W	T	F	S
						1
2	3	4	5	6	7	8
9	10	11	12	13	14	15
16	17	18	19	20	21	22
23	24	25	26	27	28	29
30	31					

6 am	6 am	6 am
7 am	7 am	7 am
8 am	8 am	8 am
9 am	9 am	9 am
10 am	10 am	10 am
11 am	11 am	11 am
12 am	12 am	12 am
1 pm	1 pm	1 pm
2 pm	2 pm	2 pm
3 pm	3 pm	3 pm
4 pm	4 pm	4 pm
5 pm	5 pm	5 pm
6 pm	6 pm	6 pm
7 pm	7 pm	7 pm
8 pm	8 pm	8 pm

July 2023

justuslead

13
THU

14
FRI

15
SAT

16
SUN

July 2023

justuslead

NOTES

6 am	6 am	6 am
7 am	7 am	7 am
8 am	8 am	8 am
9 am	9 am	9 am
10 am	10 am	10 am
11 am	11 am	11 am
12 am	12 am	12 am
1 pm	1 pm	1 pm
2 pm	2 pm	2 pm
3 pm	3 pm	3 pm
4 pm	4 pm	4 pm
5 pm	5 pm	5 pm
6 pm	6 pm	6 pm
7 pm	7 pm	7 pm
8 pm	8 pm	8 pm

July 2023

S	M	T	W	T	F	S
						1
2	3	4	5	6	7	8
9	10	11	12	13	14	15
16	17	18	19	20	21	22
23	24	25	26	27	28	29
30	31					

July 2023

justuslead

17
MON

18
TUE

19
WED

20
THU

July 2023

justuslead

NOTES

6 am	6 am	6 am
7 am	7 am	7 am
8 am	8 am	8 am
9 am	9 am	9 am
10 am	10 am	10 am
11 am	11 am	11 am
12 am	12 am	12 am
1 pm	1 pm	1 pm
2 pm	2 pm	2 pm
3 pm	3 pm	3 pm
4 pm	4 pm	4 pm
5 pm	5 pm	5 pm
6 pm	6 pm	6 pm
7 pm	7 pm	7 pm
8 pm	8 pm	8 pm

July 2023

S	M	T	W	T	F	S
						1
2	3	4	5	6	7	8
9	10	11	12	13	14	15
16	17	18	19	20	21	22
23	24	25	26	27	28	29
30	31					

July 2023

justuslead

21
FRI

22
SAT

23
SUN

24
MON

July 2023

justuslead

NOTES

6 am	6 am	6 am
7 am	7 am	7 am
8 am	8 am	8 am
9 am	9 am	9 am
10 am	10 am	10 am
11 am	11 am	11 am
12 am	12 am	12 am
1 pm	1 pm	1 pm
2 pm	2 pm	2 pm
3 pm	3 pm	3 pm
4 pm	4 pm	4 pm
5 pm	5 pm	5 pm
6 pm	6 pm	6 pm
7 pm	7 pm	7 pm
8 pm	8 pm	8 pm

July 2023

S	M	T	W	T	F	S
						1
2	3	4	5	6	7	8
9	10	11	12	13	14	15
16	17	18	19	20	21	22
23	24	25	26	27	28	29
30	31					

July 2023

justuslead

25
TUE

26
WED

27
THU

28
FRI

July 2023

justuslead

NOTES

6 am	6 am	6 am
7 am	7 am	7 am
8 am	8 am	8 am
9 am	9 am	9 am
10 am	10 am	10 am
11 am	11 am	11 am
12 am	12 am	12 am
1 pm	1 pm	1 pm
2 pm	2 pm	2 pm
3 pm	3 pm	3 pm
4 pm	4 pm	4 pm
5 pm	5 pm	5 pm
6 pm	6 pm	6 pm
7 pm	7 pm	7 pm
8 pm	8 pm	8 pm

July 2023

S	M	T	W	T	F	S
						1
2	3	4	5	6	7	8
9	10	11	12	13	14	15
16	17	18	19	20	21	22
23	24	25	26	27	28	29
30	31					

July 2023

29
SAT

30
SUN

31
MON

July 2023

justuslead

NOTES

6 am	6 am	6 am
7 am	7 am	7 am
8 am	8 am	8 am
9 am	9 am	9 am
10 am	10 am	10 am
11 am	11 am	11 am
12 am	12 am	12 am
1 pm	1 pm	1 pm
2 pm	2 pm	2 pm
3 pm	3 pm	3 pm
4 pm	4 pm	4 pm
5 pm	5 pm	5 pm
6 pm	6 pm	6 pm
7 pm	7 pm	7 pm
8 pm	8 pm	8 pm

July 2023

S	M	T	W	T	F	S
						1
2	3	4	5	6	7	8
9	10	11	12	13	14	15
16	17	18	19	20	21	22
23	24	25	26	27	28	29
30	31					

I said what I said.....

justuslead
We focus on the resolution not the battle

I said what I said.....

justuslead
we focus on the resolution not the battle

I said what I said.....

justuslead
we focus on the resolution not the battle

I said what I said.....

justuslead
we focus on the resolution not the battle

FAULT STATES

1. ALABAMA
2. ALASKA
3. ARIZONIA
4. ARKANSAS
5. CONNECTICUT
6. DELAWARE
7. GEORGIA
8. MARYLAND
9. NEW JERSEY
10. NEW YORK
11. NORTH CAROLINA
12. VERMONT
13. VIGINIA

August 2023

AFFIRMATIONS

IMPORTANT DATES

REMINDER

TO DO LIST

KEY

◯ Parent 1 ◯ Parent 2

- No show
- Modification
- Cancelled
- Late
- Arrived on time

August 2023

SUNDAY	MONDAY	TUESDAY	WEDNESDAY
		01	02
06	07	08	09
13	14	15	16
20	21	22	23
27	28	29	30

THURSDAY	FRIDAY	SATURDAY
○ 03	○ 04	○ 05
○ 10	○ 11	○ 12
○ 17	○ 18	○ 19
○ 24	○ 25	○ 26
○ 31		

NOTES

August 2023

S	M	T	W	T	F	S
		1	2	3	4	5
6	7	8	9	10	11	12
13	14	15	16	17	18	19
20	21	22	23	24	25	26
27	28	29	30	31

August 2023

justuslead

01
TUE

02
WED

03
THU

04
FRI

Aug 2023

justuslead

NOTES

August 2023

S	M	T	W	T	F	S
		1	2	3	4	5
6	7	8	9	10	11	12
13	14	15	16	17	18	19
20	21	22	23	24	25	26
27	28	29	30	31		

6 am	6 am	6 am
7 am	7 am	7 am
8 am	8 am	8 am
9 am	9 am	9 am
10 am	10 am	10 am
11 am	11 am	11 am
12 am	12 am	12 am
1 pm	1 pm	1 pm
2 pm	2 pm	2 pm
3 pm	3 pm	3 pm
4 pm	4 pm	4 pm
5 pm	5 pm	5 pm
6 pm	6 pm	6 pm
7 pm	7 pm	7 pm
8 pm	8 pm	8 pm

August 2023

justuslead

05
SAT

06
SUN

07
MON

08
TUE

Aug 2023

justuslead

NOTES

6 am	6 am	6 am
7 am	7 am	7 am
8 am	8 am	8 am
9 am	9 am	9 am
10 am	10 am	10 am
11 am	11 am	11 am
12 am	12 am	12 am
1 pm	1 pm	1 pm
2 pm	2 pm	2 pm
3 pm	3 pm	3 pm
4 pm	4 pm	4 pm
5 pm	5 pm	5 pm
6 pm	6 pm	6 pm
7 pm	7 pm	7 pm
8 pm	8 pm	8 pm

August 2023

S	M	T	W	T	F	S
		1	2	3	4	5
6	7	8	9	10	11	12
13	14	15	16	17	18	19
20	21	22	23	24	25	26
27	28	29	30	31		

August 2023

justuslead

09
WED

10
THU

11
FRI

12
SAT

Aug 2023

justuslead

NOTES

August 2023

S	M	T	W	T	F	S
		1	2	3	4	5
6	7	8	9	10	11	12
13	14	15	16	17	18	19
20	21	22	23	24	25	26
27	28	29	30	31		

6 am	6 am	6 am
7 am	7 am	7 am
8 am	8 am	8 am
9 am	9 am	9 am
10 am	10 am	10 am
11 am	11 am	11 am
12 am	12 am	12 am
1 pm	1 pm	1 pm
2 pm	2 pm	2 pm
3 pm	3 pm	3 pm
4 pm	4 pm	4 pm
5 pm	5 pm	5 pm
6 pm	6 pm	6 pm
7 pm	7 pm	7 pm
8 pm	8 pm	8 pm

August 2023

justuslead

13
SUN

14
MON

15
TUE

16
WED

Aug 2023

justuslead

NOTES

August 2023

S	M	T	W	T	F	S
		1	2	3	4	5
6	7	8	9	10	11	12
13	14	15	16	17	18	19
20	21	22	23	24	25	26
27	28	29	30	31		

6 am	6 am	6 am
7 am	7 am	7 am
8 am	8 am	8 am
9 am	9 am	9 am
10 am	10 am	10 am
11 am	11 am	11 am
12 am	12 am	12 am
1 pm	1 pm	1 pm
2 pm	2 pm	2 pm
3 pm	3 pm	3 pm
4 pm	4 pm	4 pm
5 pm	5 pm	5 pm
6 pm	6 pm	6 pm
7 pm	7 pm	7 pm
8 pm	8 pm	8 pm

August 2023

17
THU

18
FRI

19
SAT

20
SUN

Aug 2023

justuslead

NOTES

6 am	6 am	6 am
7 am	7 am	7 am
8 am	8 am	8 am
9 am	9 am	9 am
10 am	10 am	10 am
11 am	11 am	11 am
12 am	12 am	12 am
1 pm	1 pm	1 pm
2 pm	2 pm	2 pm
3 pm	3 pm	3 pm
4 pm	4 pm	4 pm
5 pm	5 pm	5 pm
6 pm	6 pm	6 pm
7 pm	7 pm	7 pm
8 pm	8 pm	8 pm

August 2023

S	M	T	W	T	F	S
		1	2	3	4	5
6	7	8	9	10	11	12
13	14	15	16	17	18	19
20	21	22	23	24	25	26
27	28	29	30	31		

August 2023

justuslead

21
MON

22
TUE

23
WED

24
THU

Aug 2023

justuslead

NOTES

6 am	6 am	6 am
7 am	7 am	7 am
8 am	8 am	8 am
9 am	9 am	9 am
10 am	10 am	10 am
11 am	11 am	11 am
12 am	12 am	12 am
1 pm	1 pm	1 pm
2 pm	2 pm	2 pm
3 pm	3 pm	3 pm
4 pm	4 pm	4 pm
5 pm	5 pm	5 pm
6 pm	6 pm	6 pm
7 pm	7 pm	7 pm
8 pm	8 pm	8 pm

August 2023

S	M	T	W	T	F	S
		1	2	3	4	5
6	7	8	9	10	11	12
13	14	15	16	17	18	19
20	21	22	23	24	25	26
27	28	29	30	31		

August 2023

justuslead

25
FRI

26
SAT

27
SUN

28
MON

Aug 2023

justuslead

NOTES

6 am	6 am	6 am
7 am	7 am	7 am
8 am	8 am	8 am
9 am	9 am	9 am
10 am	10 am	10 am
11 am	11 am	11 am
12 am	12 am	12 am
1 pm	1 pm	1 pm
2 pm	2 pm	2 pm
3 pm	3 pm	3 pm
4 pm	4 pm	4 pm
5 pm	5 pm	5 pm
6 pm	6 pm	6 pm
7 pm	7 pm	7 pm
8 pm	8 pm	8 pm

August 2023

S	M	T	W	T	F	S
		1	2	3	4	5
6	7	8	9	10	11	12
13	14	15	16	17	18	19
20	21	22	23	24	25	26
27	28	29	30	31		

August 2023

justuslead

29
TUE

30
WED

31
THU

Aug 2023

justuslead

NOTES

6 am	6 am	6 am
7 am	7 am	7 am
8 am	8 am	8 am
9 am	9 am	9 am
10 am	10 am	10 am
11 am	11 am	11 am
12 am	12 am	12 am
1 pm	1 pm	1 pm
2 pm	2 pm	2 pm
3 pm	3 pm	3 pm
4 pm	4 pm	4 pm
5 pm	5 pm	5 pm
6 pm	6 pm	6 pm
7 pm	7 pm	7 pm
8 pm	8 pm	8 pm

August 2023

S	M	T	W	T	F	S
		1	2	3	4	5
6	7	8	9	10	11	12
13	14	15	16	17	18	19
20	21	22	23	24	25	26
27	28	29	30	31		

I said what I said.....

justuslead
we focus on the resolution not the battle

I said what I said.....

justuslead
we focus on the resolution not the battle

I said what I said.....

justuslead
we focus on the resolution not the battle

I said what I said.....

PERMANENT ALIMONY STATES

1. NEW JERSEY
2. CONNETICUT
3. VERMONT
4. NORTH CAROLINA
5. WEST VIRGINIA
6. OREGON TENNESSE
7. FLORIDA
8. MISSISSIPPI
9. MICHIGAN

September 2023

AFFIRMATIONS

IMPORTANT DATES

REMINDER

TO DO LIST

KEY

○ Parent 1 ○ Parent 2

○ No show

○ Modification

○ Cancelled

○ Late

○ Arrived on time

September 2023

SUNDAY	MONDAY	TUESDAY	WEDNESDAY
03	04	05	06
10	11	12	13
17	18	19	20
24	25	26	27

THURSDAY	FRIDAY	SATURDAY	NOTES
○	○ 01	○ 02	
○ 07	○ 08	○ 09	
○ 14	○ 15	○ 16	
○ 21	○ 22	○ 23	
○ 28	29	30	

September 2023

S	M	T	W	T	F	S
					1	2
3	4	5	6	7	8	9
10	11	12	13	14	15	16
17	18	19	20	21	22	23
24	25	26	27	28	29	30

September 2023

justuslead

01
FRI

02
SAT

03
SUN

04
MON

Sep 2023

justuslead

NOTES

6 am	6 am	6 am
7 am	7 am	7 am
8 am	8 am	8 am
9 am	9 am	9 am
10 am	10 am	10 am
11 am	11 am	11 am
12 am	12 am	12 am
1 pm	1 pm	1 pm
2 pm	2 pm	2 pm
3 pm	3 pm	3 pm
4 pm	4 pm	4 pm
5 pm	5 pm	5 pm
6 pm	6 pm	6 pm
7 pm	7 pm	7 pm
8 pm	8 pm	8 pm

September 2023

S	M	T	W	T	F	S
					1	2
3	4	5	6	7	8	9
10	11	12	13	14	15	16
17	18	19	20	21	22	23
24	25	26	27	28	29	30

September 2023

justuslead

05
TUE

06
WED

07
THU

08
FRI

Sep 2023

justuslead

NOTES

6 am	6 am	6 am
7 am	7 am	7 am
8 am	8 am	8 am
9 am	9 am	9 am
10 am	10 am	10 am
11 am	11 am	11 am
12 am	12 am	12 am
1 pm	1 pm	1 pm
2 pm	2 pm	2 pm
3 pm	3 pm	3 pm
4 pm	4 pm	4 pm
5 pm	5 pm	5 pm
6 pm	6 pm	6 pm
7 pm	7 pm	7 pm
8 pm	8 pm	8 pm

September 2023

S	M	T	W	T	F	S
					1	2
3	4	5	6	7	8	9
10	11	12	13	14	15	16
17	18	19	20	21	22	23
24	25	26	27	28	29	30

September 2023

justuslead

09
SAT

10
SUN

11
MON

12
TUE

Sep 2023

justuslead

NOTES

6 am	6 am	6 am
7 am	7 am	7 am
8 am	8 am	8 am
9 am	9 am	9 am
10 am	10 am	10 am
11 am	11 am	11 am
12 am	12 am	12 am
1 pm	1 pm	1 pm
2 pm	2 pm	2 pm
3 pm	3 pm	3 pm
4 pm	4 pm	4 pm
5 pm	5 pm	5 pm
6 pm	6 pm	6 pm
7 pm	7 pm	7 pm
8 pm	8 pm	8 pm

September 2023

S	M	T	W	T	F	S
					1	2
3	4	5	6	7	8	9
10	11	12	13	14	15	16
17	18	19	20	21	22	23
24	25	26	27	28	29	30

September 2023

justuslead

13
WED

14
THU

15
FRI

16
SAT

Sep 2023

justuslead

NOTES

6 am	6 am	6 am
7 am	7 am	7 am
8 am	8 am	8 am
9 am	9 am	9 am
10 am	10 am	10 am
11 am	11 am	11 am
12 am	12 am	12 am
1 pm	1 pm	1 pm
2 pm	2 pm	2 pm
3 pm	3 pm	3 pm
4 pm	4 pm	4 pm
5 pm	5 pm	5 pm
6 pm	6 pm	6 pm
7 pm	7 pm	7 pm
8 pm	8 pm	8 pm

September 2023

S	M	T	W	T	F	S
					1	2
3	4	5	6	7	8	9
10	11	12	13	14	15	16
17	18	19	20	21	22	23
24	25	26	27	28	29	30

September 2023

justuslead

17
SUN

18
MON

19
TUE

20
WED

Sep 2023

justuslead

NOTES

6 am	6 am	6 am
7 am	7 am	7 am
8 am	8 am	8 am
9 am	9 am	9 am
10 am	10 am	10 am
11 am	11 am	11 am
12 am	12 am	12 am
1 pm	1 pm	1 pm
2 pm	2 pm	2 pm
3 pm	3 pm	3 pm
4 pm	4 pm	4 pm
5 pm	5 pm	5 pm
6 pm	6 pm	6 pm
7 pm	7 pm	7 pm
8 pm	8 pm	8 pm

September 2023

S	M	T	W	T	F	S
					1	2
3	4	5	6	7	8	9
10	11	12	13	14	15	16
17	18	19	20	21	22	23
24	25	26	27	28	29	30

September 2023

21
THU

22
FRI

23
SAT

24
SUN

Sep 2023

justuslead

NOTES

6 am	6 am	6 am
7 am	7 am	7 am
8 am	8 am	8 am
9 am	9 am	9 am
10 am	10 am	10 am
11 am	11 am	11 am
12 am	12 am	12 am
1 pm	1 pm	1 pm
2 pm	2 pm	2 pm
3 pm	3 pm	3 pm
4 pm	4 pm	4 pm
5 pm	5 pm	5 pm
6 pm	6 pm	6 pm
7 pm	7 pm	7 pm
8 pm	8 pm	8 pm

September 2023

S	M	T	W	T	F	S
					1	2
3	4	5	6	7	8	9
10	11	12	13	14	15	16
17	18	19	20	21	22	23
24	25	26	27	28	29	30

September 2023

justuslead

25
MON

26
TUE

27
WED

28
THU

Sep 2023

justuslead

NOTES

6 am	6 am	6 am
7 am	7 am	7 am
8 am	8 am	8 am
9 am	9 am	9 am
10 am	10 am	10 am
11 am	11 am	11 am
12 am	12 am	12 am
1 pm	1 pm	1 pm
2 pm	2 pm	2 pm
3 pm	3 pm	3 pm
4 pm	4 pm	4 pm
5 pm	5 pm	5 pm
6 pm	6 pm	6 pm
7 pm	7 pm	7 pm
8 pm	8 pm	8 pm

September 2023

S	M	T	W	T	F	S
					1	2
3	4	5	6	7	8	9
10	11	12	13	14	15	16
17	18	19	20	21	22	23
24	25	26	27	28	29	30

September 2023

justuslead

29
FRI

30
SAT

Sep 2023

justuslead

NOTES

6 am	6 am	6 am
7 am	7 am	7 am
8 am	8 am	8 am
9 am	9 am	9 am
10 am	10 am	10 am
11 am	11 am	11 am
12 am	12 am	12 am
1 pm	1 pm	1 pm
2 pm	2 pm	2 pm
3 pm	3 pm	3 pm
4 pm	4 pm	4 pm
5 pm	5 pm	5 pm
6 pm	6 pm	6 pm
7 pm	7 pm	7 pm
8 pm	8 pm	8 pm

September 2023

S	M	T	W	T	F	S
					1	2
3	4	5	6	7	8	9
10	11	12	13	14	15	16
17	18	19	20	21	22	23
24	25	26	27	28	29	30

I said what I said.....

I said what I said.....

I said what I said.....

justuslead
we focus on the resolution
not the battle

I said what I said.....

justuslead
we focus on the resolution not the battle

YOU NEVER HAVE TO QUESTION YOUR CHOICES WHEN YOU ALWAYS DO WHAT'S IN THE BEST INTEREST OF YOUR CHILD/REN

October 2023

AFFIRMATIONS

IMPORTANT DATES

REMINDER

TO DO LIST

KEY

◯ Parent 1 ◯ Parent 2

No show

Modification

Cancelled

Late

Arrived on time

justuslead

October 2023

SUNDAY	MONDAY	TUESDAY	WEDNESDAY
○ 01	○ 02	○ 03	○ 04
○ 08	○ 09	○ 10	○ 11
○ 15	○ 16	○ 17	○ 18
○ 22	○ 23	○ 24	○ 25
○ 29	○ 30	○ 31	○
○	○

THURSDAY	FRIDAY	SATURDAY	NOTES
○ 05	○ 06	○ 07	
○ 12	○ 13	○ 14	
○ 19	○ 20	○ 21	
○ 26	○ 27	○ 28	
○	○	○	

October 2023

S	M	T	W	T	F	S
1	2	3	4	5	6	7
8	9	10	11	12	13	14
15	16	17	18	19	20	
22	23	24	25	26	27	
29	30	31				

justuslead

October 2023

justuslead

01
SUN

02
MON

03
TUE

04
WED

Oct 2023

justuslead

NOTES

6 am	6 am	6 am
7 am	7 am	7 am
8 am	8 am	8 am
9 am	9 am	9 am
10 am	10 am	10 am
11 am	11 am	11 am
12 am	12 am	12 am
1 pm	1 pm	1 pm
2 pm	2 pm	2 pm
3 pm	3 pm	3 pm
4 pm	4 pm	4 pm
5 pm	5 pm	5 pm
6 pm	6 pm	6 pm
7 pm	7 pm	7 pm
8 pm	8 pm	8 pm

October 2023

S	M	T	W	T	F	S
1	2	3	4	5	6	7
8	9	10	11	12	13	14
15	16	17	18	19	20	
22	23	24	25	26	27	
29	30	31				

October 2023

justuslead

05
THU

06
FRI

07
SAT

08
SUN

Oct 2023

justuslead

NOTES

October 2023

S	M	T	W	T	F	S
1	2	3	4	5	6	7
8	9	10	11	12	13	14
15	16	17	18	19	20	
22	23	24	25	26	27	
29	30	31				

6 am	6 am	6 am
7 am	7 am	7 am
8 am	8 am	8 am
9 am	9 am	9 am
10 am	10 am	10 am
11 am	11 am	11 am
12 am	12 am	12 am
1 pm	1 pm	1 pm
2 pm	2 pm	2 pm
3 pm	3 pm	3 pm
4 pm	4 pm	4 pm
5 pm	5 pm	5 pm
6 pm	6 pm	6 pm
7 pm	7 pm	7 pm
8 pm	8 pm	8 pm

October 2023

justuslead

09
MON

10
TUE

11
WED

12
THU

Oct 2023

justuslead

NOTES

6 am	6 am	6 am
7 am	7 am	7 am
8 am	8 am	8 am
9 am	9 am	9 am
10 am	10 am	10 am
11 am	11 am	11 am
12 am	12 am	12 am
1 pm	1 pm	1 pm
2 pm	2 pm	2 pm
3 pm	3 pm	3 pm
4 pm	4 pm	4 pm
5 pm	5 pm	5 pm
6 pm	6 pm	6 pm
7 pm	7 pm	7 pm
8 pm	8 pm	8 pm

October 2023

S	M	T	W	T	F	S
1	2	3	4	5	6	7
8	9	10	11	12	13	14
15	16	17	18	19	20	
22	23	24	25	26	27	
29	30	31				

October 2023

justuslead

13
FRI

14
SAT

15
SUN

16
MON

Oct 2023

justuslead

NOTES

6 am	6 am	6 am
7 am	7 am	7 am
8 am	8 am	8 am
9 am	9 am	9 am
10 am	10 am	10 am
11 am	11 am	11 am
12 am	12 am	12 am
1 pm	1 pm	1 pm
2 pm	2 pm	2 pm
3 pm	3 pm	3 pm
4 pm	4 pm	4 pm
5 pm	5 pm	5 pm
6 pm	6 pm	6 pm
7 pm	7 pm	7 pm
8 pm	8 pm	8 pm

October 2023

S	M	T	W	T	F	S
1	2	3	4	5	6	7
8	9	10	11	12	13	14
15	16	17	18	19	20	
22	23	24	25	26	27	
29	30	31				

October 2023

justuslead

17
TUE

18
WED

19
THU

20
FRI

Oct 2023

justuslead

NOTES

6 am	6 am	6 am
7 am	7 am	7 am
8 am	8 am	8 am
9 am	9 am	9 am
10 am	10 am	10 am
11 am	11 am	11 am
12 am	12 am	12 am
1 pm	1 pm	1 pm
2 pm	2 pm	2 pm
3 pm	3 pm	3 pm
4 pm	4 pm	4 pm
5 pm	5 pm	5 pm
6 pm	6 pm	6 pm
7 pm	7 pm	7 pm
8 pm	8 pm	8 pm

October 2023

S	M	T	W	T	F	S
1	2	3	4	5	6	7
8	9	10	11	12	13	14
15	16	17	18	19	20	
22	23	24	25	26	27	
29	30	31				

October 2023

justuslead

21
SAT

22
SUN

23
MON

24
TUE

Oct 2023

justuslead

NOTES

6 am	6 am	6 am
7 am	7 am	7 am
8 am	8 am	8 am
9 am	9 am	9 am
10 am	10 am	10 am
11 am	11 am	11 am
12 am	12 am	12 am
1 pm	1 pm	1 pm
2 pm	2 pm	2 pm
3 pm	3 pm	3 pm
4 pm	4 pm	4 pm
5 pm	5 pm	5 pm
6 pm	6 pm	6 pm
7 pm	7 pm	7 pm
8 pm	8 pm	8 pm

October 2023

S	M	T	W	T	F	S
1	2	3	4	5	6	7
8	9	10	11	12	13	14
15	16	17	18	19	20	
22	23	24	25	26	27	
29	30	31				

October 2023

justuslead

25
WED

26
THU

27
FRI

28
SAT

Oct 2023

justuslead

NOTES

6 am	6 am	6 am
7 am	7 am	7 am
8 am	8 am	8 am
9 am	9 am	9 am
10 am	10 am	10 am
11 am	11 am	11 am
12 am	12 am	12 am
1 pm	1 pm	1 pm
2 pm	2 pm	2 pm
3 pm	3 pm	3 pm
4 pm	4 pm	4 pm
5 pm	5 pm	5 pm
6 pm	6 pm	6 pm
7 pm	7 pm	7 pm
8 pm	8 pm	8 pm

October 2023

S	M	T	W	T	F	S
1	2	3	4	5	6	7
8	9	10	11	12	13	14
15	16	17	18	19	20	
22	23	24	25	26	27	
29	30	31				

October 2023

justuslead

29
SUN

30
MON

31
TUE

Oct 2023

justuslead

NOTES

6 am	6 am	6 am
7 am	7 am	7 am
8 am	8 am	8 am
9 am	9 am	9 am
10 am	10 am	10 am
11 am	11 am	11 am
12 am	12 am	12 am
1 pm	1 pm	1 pm
2 pm	2 pm	2 pm
3 pm	3 pm	3 pm
4 pm	4 pm	4 pm
5 pm	5 pm	5 pm
6 pm	6 pm	6 pm
7 pm	7 pm	7 pm
8 pm	8 pm	8 pm

October 2023

S	M	T	W	T	F	S
1	2	3	4	5	6	7
8	9	10	11	12	13	14
15	16	17	18	19	20	
22	23	24	25	26	27	
29	30	31				

I said what I said.....

justuslead
we focus on the resolution
not the battle

I said what I said.....

justuslead

we focus on the revolution not the beside

I said what I said.....

justuslead
we focus on the resolution not the battle

I said what I said.....

justuslead
we focus on the resolution not the battle

I JUST WANT MY CHILDREN TO WIN IN EVERY WAY POSSIBLE

November 2023

IMPORTANT DATES

AFFIRMATIONS

REMINDER

TO DO LIST

KEY

○ Parent 1 ○ Parent 2

- No show
- Modification
- Cancelled
- Late
- Arrived on time

November 2023

SUNDAY	MONDAY	TUESDAY	WEDNESDAY
			01
05	06	07	08
12	13	14	15
19	20	21	22
26	27	28	29

THURSDAY	FRIDAY	SATURDAY	NOTES
○ 02	○ 03	○ 04	
○ 09	○ 10	○ 11	
○ 16	○ 17	○ 18	
○ 23	○ 24	○ 25	
○ 30			

November 2023

S	M	T	W	T	F	S
			1	2	3	4
5	6	7	8	9	10	11
12	13	14	15	16	17	18
19	20	21	22	23	24	25
26	27	28	29	30

November 2023

justuslead

01
WED

02
THU

03
FRI

04
SAT

Nov 2023

justuslead

NOTES

6 am	6 am	6 am
7 am	7 am	7 am
8 am	8 am	8 am
9 am	9 am	9 am
10 am	10 am	10 am
11 am	11 am	11 am
12 am	12 am	12 am
1 pm	1 pm	1 pm
2 pm	2 pm	2 pm
3 pm	3 pm	3 pm
4 pm	4 pm	4 pm
5 pm	5 pm	5 pm
6 pm	6 pm	6 pm
7 pm	7 pm	7 pm
8 pm	8 pm	8 pm

November 2023

S	M	T	W	T	F	S
			1	2	3	4
5	6	7	8	9	10	11
12	13	14	15	16	17	18
19	20	21	22	23	24	25
26	27	28	29	30		

November 2023

justuslead

05
SUN

06
MON

07
TUE

08
WED

Nov 2023

justuslead

NOTES

November 2023

S	M	T	W	T	F	S
			1	2	3	4
5	6	7	8	9	10	11
12	13	14	15	16	17	18
19	20	21	22	23	24	25
26	27	28	29	30		

6 am	6 am	6 am
7 am	7 am	7 am
8 am	8 am	8 am
9 am	9 am	9 am
10 am	10 am	10 am
11 am	11 am	11 am
12 am	12 am	12 am
1 pm	1 pm	1 pm
2 pm	2 pm	2 pm
3 pm	3 pm	3 pm
4 pm	4 pm	4 pm
5 pm	5 pm	5 pm
6 pm	6 pm	6 pm
7 pm	7 pm	7 pm
8 pm	8 pm	8 pm

November 2023

justuslead

09
THU

10
FRI

11
SAT

12
SUN

Nov 2023

justuslead

NOTES

6 am	6 am	6 am
7 am	7 am	7 am
8 am	8 am	8 am
9 am	9 am	9 am
10 am	10 am	10 am
11 am	11 am	11 am
12 am	12 am	12 am
1 pm	1 pm	1 pm
2 pm	2 pm	2 pm
3 pm	3 pm	3 pm
4 pm	4 pm	4 pm
5 pm	5 pm	5 pm
6 pm	6 pm	6 pm
7 pm	7 pm	7 pm
8 pm	8 pm	8 pm

November 2023

S	M	T	W	T	F	S
			1	2	3	4
5	6	7	8	9	10	11
12	13	14	15	16	17	18
19	20	21	22	23	24	25
26	27	28	29	30		

November 2023

justuslead

13
MON

14
TUE

15
WED

16
THU

Nov 2023

justuslead

NOTES

November 2023

S	M	T	W	T	F	S
			1	2	3	4
5	6	7	8	9	10	11
12	13	14	15	16	17	18
19	20	21	22	23	24	25
26	27	28	29	30		

6 am	6 am	6 am
7 am	7 am	7 am
8 am	8 am	8 am
9 am	9 am	9 am
10 am	10 am	10 am
11 am	11 am	11 am
12 am	12 am	12 am
1 pm	1 pm	1 pm
2 pm	2 pm	2 pm
3 pm	3 pm	3 pm
4 pm	4 pm	4 pm
5 pm	5 pm	5 pm
6 pm	6 pm	6 pm
7 pm	7 pm	7 pm
8 pm	8 pm	8 pm

November 2023

justuslead

17
FRI

18
SAT

19
SUN

20
MON

Nov 2023

justuslead

NOTES

6 am	6 am	6 am
7 am	7 am	7 am
8 am	8 am	8 am
9 am	9 am	9 am
10 am	10 am	10 am
11 am	11 am	11 am
12 am	12 am	12 am
1 pm	1 pm	1 pm
2 pm	2 pm	2 pm
3 pm	3 pm	3 pm
4 pm	4 pm	4 pm
5 pm	5 pm	5 pm
6 pm	6 pm	6 pm
7 pm	7 pm	7 pm
8 pm	8 pm	8 pm

November 2023

S	M	T	W	T	F	S
			1	2	3	4
5	6	7	8	9	10	11
12	13	14	15	16	17	18
19	20	21	22	23	24	25
26	27	28	29	30		

November 2023

justuslead

21
TUE

22
WED

23
THU

24
FRI

Nov 2023

justuslead

NOTES

6 am	6 am	6 am
7 am	7 am	7 am
8 am	8 am	8 am
9 am	9 am	9 am
10 am	10 am	10 am
11 am	11 am	11 am
12 am	12 am	12 am
1 pm	1 pm	1 pm
2 pm	2 pm	2 pm
3 pm	3 pm	3 pm
4 pm	4 pm	4 pm
5 pm	5 pm	5 pm
6 pm	6 pm	6 pm
7 pm	7 pm	7 pm
8 pm	8 pm	8 pm

November 2023

S	M	T	W	T	F	S
			1	2	3	4
5	6	7	8	9	10	11
12	13	14	15	16	17	18
19	20	21	22	23	24	25
26	27	28	29	30		

November 2023

justuslead

25
SAT

26
SUN

27
MON

28
TUE

Nov 2023

justuslead

NOTES

6 am	6 am	6 am
7 am	7 am	7 am
8 am	8 am	8 am
9 am	9 am	9 am
10 am	10 am	10 am
11 am	11 am	11 am
12 am	12 am	12 am
1 pm	1 pm	1 pm
2 pm	2 pm	2 pm
3 pm	3 pm	3 pm
4 pm	4 pm	4 pm
5 pm	5 pm	5 pm
6 pm	6 pm	6 pm
7 pm	7 pm	7 pm
8 pm	8 pm	8 pm

November 2023

S	M	T	W	T	F	S
			1	2	3	4
5	6	7	8	9	10	11
12	13	14	15	16	17	18
19	20	21	22	23	24	25
26	27	28	29	30		

November 2023

justuslead

29
WED

30
THU

Nov 2023

justuslead

NOTES

6 am	6 am	6 am
7 am	7 am	7 am
8 am	8 am	8 am
9 am	9 am	9 am
10 am	10 am	10 am
11 am	11 am	11 am
12 am	12 am	12 am
1 pm	1 pm	1 pm
2 pm	2 pm	2 pm
3 pm	3 pm	3 pm
4 pm	4 pm	4 pm
5 pm	5 pm	5 pm
6 pm	6 pm	6 pm
7 pm	7 pm	7 pm
8 pm	8 pm	8 pm

November 2023

S	M	T	W	T	F	S
			1	2	3	4
5	6	7	8	9	10	11
12	13	14	15	16	17	18
19	20	21	22	23	24	25
26	27	28	29	30		

I said what I said.....

justuslead
We focus on the resolution not the battle

I said what I said.....

justuslead

we focus on the resolution
not the battle

I said what I said.....

justuslead
we focus on the resolution not the battle

I said what I said.....

justuslead
we focus on the resolution not the battle

YOU DO NOT HAVE TO FORCE THEM TO HEAR YOU BECAUSE SOMETIMES SILENCE IS LOUDER THAN WORDS.

December 2023

AFFIRMATIONS

IMPORTANT DATES

REMINDER

TO DO LIST

KEY

○ Parent 1 ○ Parent 2

○ No show

○ Modification

○ Cancelled

○ Late

○ Arrived on time

December 2023

SUNDAY	MONDAY	TUESDAY	WEDNESDAY
03	04	05	06
10	11	12	13
17	18	19	20
24	25	26	27
31			

THURSDAY	FRIDAY	SATURDAY	NOTES
○	○ 01	○ 02	
○ 07	○ 08	○ 09	
○ 14	○ 15	○ 16	
○ 21	○ 22	○ 23	
○ 28	29	30	

December 2023

S	M	T	W	T	F	S
					1	2
3	4	5	6	7	8	9
10	11	12	13	14	15	16
17	18	19	20	21	22	23
24	25	26	27	28	29	30
31

December 2023

justuslead

01
FRI

02
SAT

03
SUN

04
MON

Dec 2023

justuslead

NOTES

6 am	6 am	6 am
7 am	7 am	7 am
8 am	8 am	8 am
9 am	9 am	9 am
10 am	10 am	10 am
11 am	11 am	11 am
12 am	12 am	12 am
1 pm	1 pm	1 pm
2 pm	2 pm	2 pm
3 pm	3 pm	3 pm
4 pm	4 pm	4 pm
5 pm	5 pm	5 pm
6 pm	6 pm	6 pm
7 pm	7 pm	7 pm
8 pm	8 pm	8 pm

December 2023

S	M	T	W	T	F	S
					1	2
3	4	5	6	7	8	9
10	11	12	13	14	15	16
17	18	19	20	21	22	23
24	25	26	27	28	29	30
31						

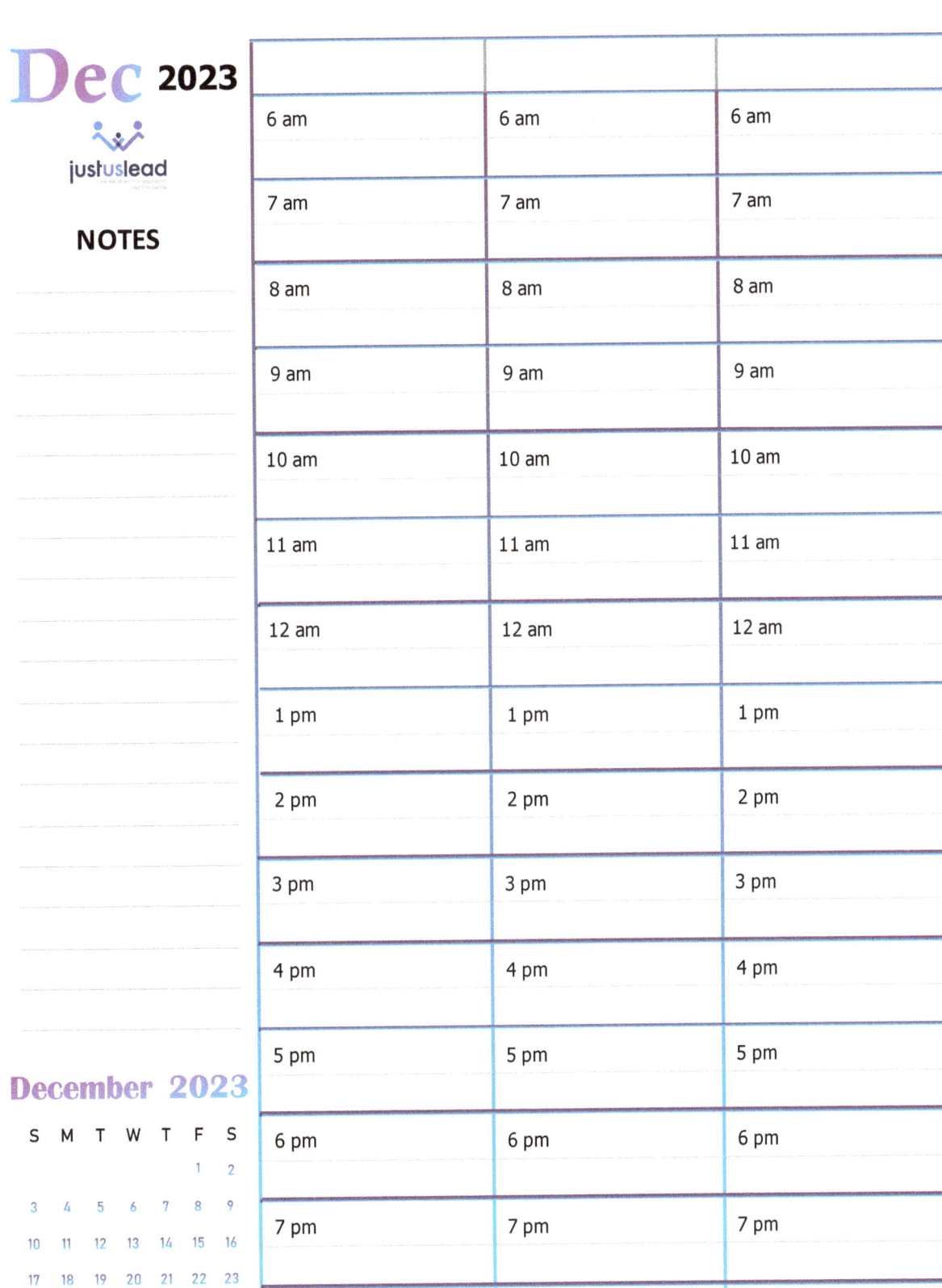

December 2023

justuslead

05
TUE

06
WED

07
THU

08
FRI

Dec 2023

justuslead

NOTES

December 2023

S	M	T	W	T	F	S
					1	2
3	4	5	6	7	8	9
10	11	12	13	14	15	16
17	18	19	20	21	22	23
24	25	26	27	28	29	30
31						

6 am	6 am	6 am
7 am	7 am	7 am
8 am	8 am	8 am
9 am	9 am	9 am
10 am	10 am	10 am
11 am	11 am	11 am
12 am	12 am	12 am
1 pm	1 pm	1 pm
2 pm	2 pm	2 pm
3 pm	3 pm	3 pm
4 pm	4 pm	4 pm
5 pm	5 pm	5 pm
6 pm	6 pm	6 pm
7 pm	7 pm	7 pm
8 pm	8 pm	8 pm

December 2023

justuslead

09
SAT

10
SUN

11
MON

12
TUE

Dec 2023

justuslead

NOTES

6 am	6 am	6 am
7 am	7 am	7 am
8 am	8 am	8 am
9 am	9 am	9 am
10 am	10 am	10 am
11 am	11 am	11 am
12 am	12 am	12 am
1 pm	1 pm	1 pm
2 pm	2 pm	2 pm
3 pm	3 pm	3 pm
4 pm	4 pm	4 pm
5 pm	5 pm	5 pm
6 pm	6 pm	6 pm
7 pm	7 pm	7 pm
8 pm	8 pm	8 pm

December 2023

S	M	T	W	T	F	S
					1	2
3	4	5	6	7	8	9
10	11	12	13	14	15	16
17	18	19	20	21	22	23
24	25	26	27	28	29	30
31						

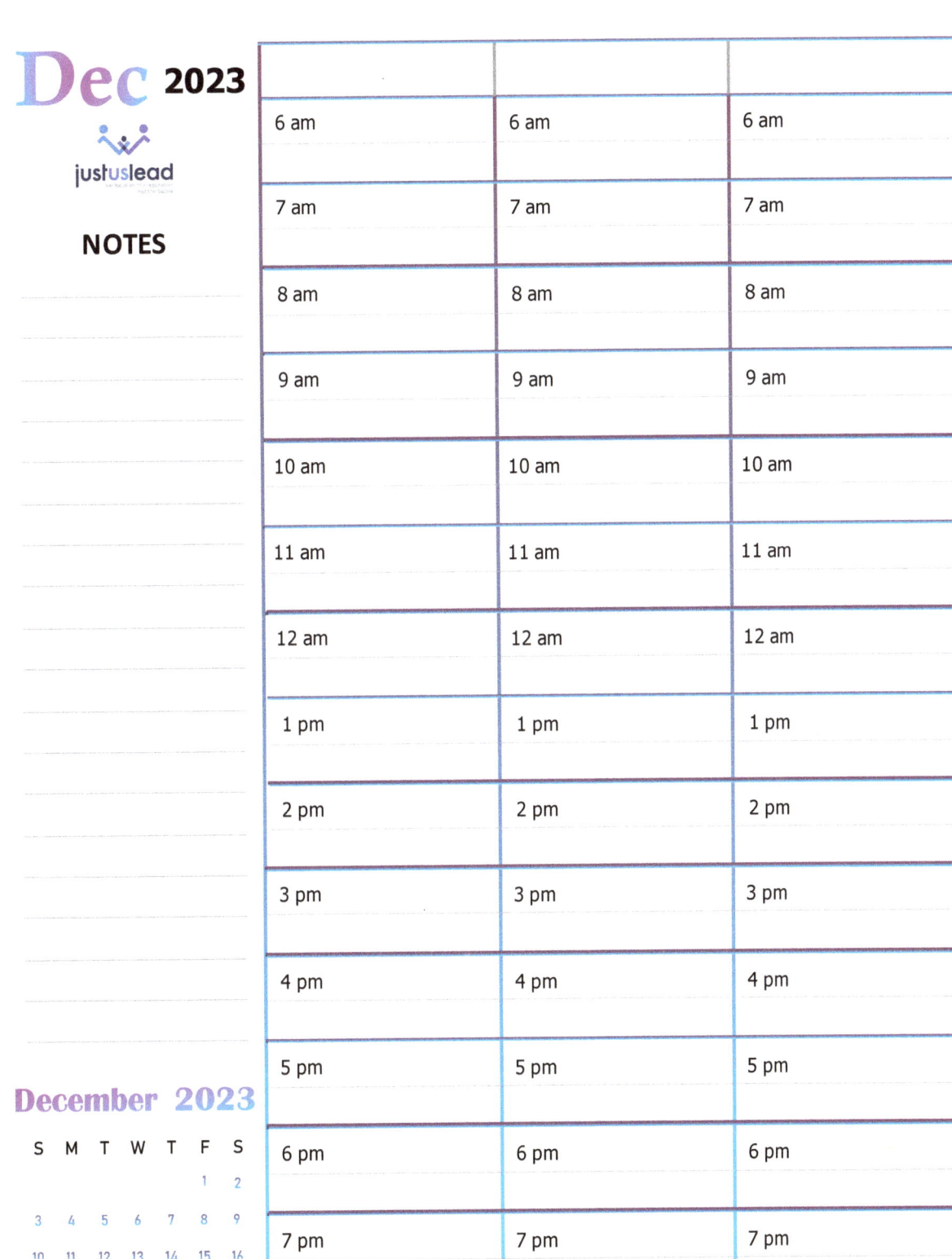

December 2023

justuslead

13
WED

14
THU

15
FRI

16
SAT

Dec 2023

justuslead

NOTES

6 am	6 am	6 am
7 am	7 am	7 am
8 am	8 am	8 am
9 am	9 am	9 am
10 am	10 am	10 am
11 am	11 am	11 am
12 am	12 am	12 am
1 pm	1 pm	1 pm
2 pm	2 pm	2 pm
3 pm	3 pm	3 pm
4 pm	4 pm	4 pm
5 pm	5 pm	5 pm
6 pm	6 pm	6 pm
7 pm	7 pm	7 pm
8 pm	8 pm	8 pm

December 2023

S	M	T	W	T	F	S
					1	2
3	4	5	6	7	8	9
10	11	12	13	14	15	16
17	18	19	20	21	22	23
24	25	26	27	28	29	30
31						

December 2023

justuslead

17
SUN

18
MON

19
TUE

20
WED

Dec 2023

justuslead

NOTES

December 2023

S	M	T	W	T	F	S
					1	2
3	4	5	6	7	8	9
10	11	12	13	14	15	16
17	18	19	20	21	22	23
24	25	26	27	28	29	30
31						

6 am	6 am	6 am
7 am	7 am	7 am
8 am	8 am	8 am
9 am	9 am	9 am
10 am	10 am	10 am
11 am	11 am	11 am
12 am	12 am	12 am
1 pm	1 pm	1 pm
2 pm	2 pm	2 pm
3 pm	3 pm	3 pm
4 pm	4 pm	4 pm
5 pm	5 pm	5 pm
6 pm	6 pm	6 pm
7 pm	7 pm	7 pm
8 pm	8 pm	8 pm

December 2023

justuslead

21
THU

22
FRI

23
SAT

24
SUN

Dec 2023

justuslead

NOTES

6 am	6 am	6 am
7 am	7 am	7 am
8 am	8 am	8 am
9 am	9 am	9 am
10 am	10 am	10 am
11 am	11 am	11 am
12 am	12 am	12 am
1 pm	1 pm	1 pm
2 pm	2 pm	2 pm
3 pm	3 pm	3 pm
4 pm	4 pm	4 pm
5 pm	5 pm	5 pm
6 pm	6 pm	6 pm
7 pm	7 pm	7 pm
8 pm	8 pm	8 pm

December 2023

S	M	T	W	T	F	S
					1	2
3	4	5	6	7	8	9
10	11	12	13	14	15	16
17	18	19	20	21	22	23
24	25	26	27	28	29	30
31						

December 2023

justuslead

25
MON

26
TUE

27
WED

28
THU

Dec 2023

justuslead

NOTES

6 am	6 am	6 am
7 am	7 am	7 am
8 am	8 am	8 am
9 am	9 am	9 am
10 am	10 am	10 am
11 am	11 am	11 am
12 am	12 am	12 am
1 pm	1 pm	1 pm
2 pm	2 pm	2 pm
3 pm	3 pm	3 pm
4 pm	4 pm	4 pm
5 pm	5 pm	5 pm
6 pm	6 pm	6 pm
7 pm	7 pm	7 pm
8 pm	8 pm	8 pm

December 2023

S	M	T	W	T	F	S
					1	2
3	4	5	6	7	8	9
10	11	12	13	14	15	16
17	18	19	20	21	22	23
24	25	26	27	28	29	30
31						

December 2023

justuslead

29
FRI

30
SAT

31
SUN

Dec 2023

justuslead

NOTES

6 am	6 am	6 am
7 am	7 am	7 am
8 am	8 am	8 am
9 am	9 am	9 am
10 am	10 am	10 am
11 am	11 am	11 am
12 am	12 am	12 am
1 pm	1 pm	1 pm
2 pm	2 pm	2 pm
3 pm	3 pm	3 pm
4 pm	4 pm	4 pm
5 pm	5 pm	5 pm
6 pm	6 pm	6 pm
7 pm	7 pm	7 pm
8 pm	8 pm	8 pm

December 2023

S	M	T	W	T	F	S
					1	2
3	4	5	6	7	8	9
10	11	12	13	14	15	16
17	18	19	20	21	22	23
24	25	26	27	28	29	30
31						

I said what I said.....

I said what I said.....

justuslead
we focus on the resolution
not the battle

I said what I said.....

justuslead
we focus on the resolution
not the battle

I said what I said.....

justuslead
we focus on the resolution not the battle

THE TRUTH DOES NOT MIND BEING QUESTIONED

justuslead
we focus on the resolution
not the battle

justuslead

we focus on the resolution
not the battle

January 2024

S	M	T	W	T	F	S
	1	2	3	4	5	6
7	8	9	10	11	12	13
14	15	16	17	18	19	20
21	22	23	24	25	26	27
28	29	30	31			

February 2024

S	M	T	W	T	F	S
				1	2	3
4	5	6	7	8	9	10
11	12	13	14	15	16	17
18	19	20	21	22	23	24
25	26	27	28	29		

March 2024

S	M	T	W	T	F	S
					1	2
3	4	5	6	7	8	9
10	11	12	13	14	15	16
17	18	19	20	21	22	23
24	25	26	27	28	29	30
31						

July 2024

S	M	T	W	T	F	S
	1	2	3	4	5	6
7	8	9	10	11	12	13
14	15	16	17	18	19	20
21	22	23	24	25	26	27
28	29	30	31			

August 2024

S	M	T	W	T	F	S
				1	2	3
4	5	6	7	8	9	10
11	12	13	14	15	16	17
18	19	20	21	22	23	24
25	26	27	28	29	30	31

September 2024

S	M	T	W	T	F	S
1	2	3	4	5	6	7
8	9	10	11	12	13	14
15	16	17	18	19	20	21
22	23	24	25	26	27	28
29	30					

Important Dates

April 2024

S	M	T	W	T	F	S
	1	2	3	4	5	6
7	8	9	10	11	12	13
14	15	16	17	18	19	20
21	22	23	24	25	26	27
28	29	30				

May 2024

S	M	T	W	T	F	S
			1	2	3	4
5	6	7	8	9	10	11
12	13	14	15	16	17	18
19	20	21	22	23	24	25
26	27	28	29	30	31	

June 2024

S	M	T	W	T	F	S
						1
2	3	4	5	6	7	8
9	10	11	12	13	14	15
16	17	18	19	20	21	22
23	24	25	26	27	28	29
30						

October 2024

S	M	T	W	T	F	S
		1	2	3	4	5
6	7	8	9	10	11	12
13	14	15	16	17	18	19
20	21	22	23	24	25	26
27	28	29	30	31		

November 2024

S	M	T	W	T	F	S
					1	2
3	4	5	6	7	8	9
10	11	12	13	14	15	16
17	18	19	20	21	22	23
24	25	26	27	28	29	30

December 2024

S	M	T	W	T	F	S
1	2	3	4	5	6	7
8	9	10	11	12	13	14
15	16	17	18	19	20	21
22	23	24	25	26	27	28
29	30	31				

Important Dates

BOSS PARENT

justuslead
we focus on the resolution
not the battle

justuslead

we focus on the resolution
not the battle

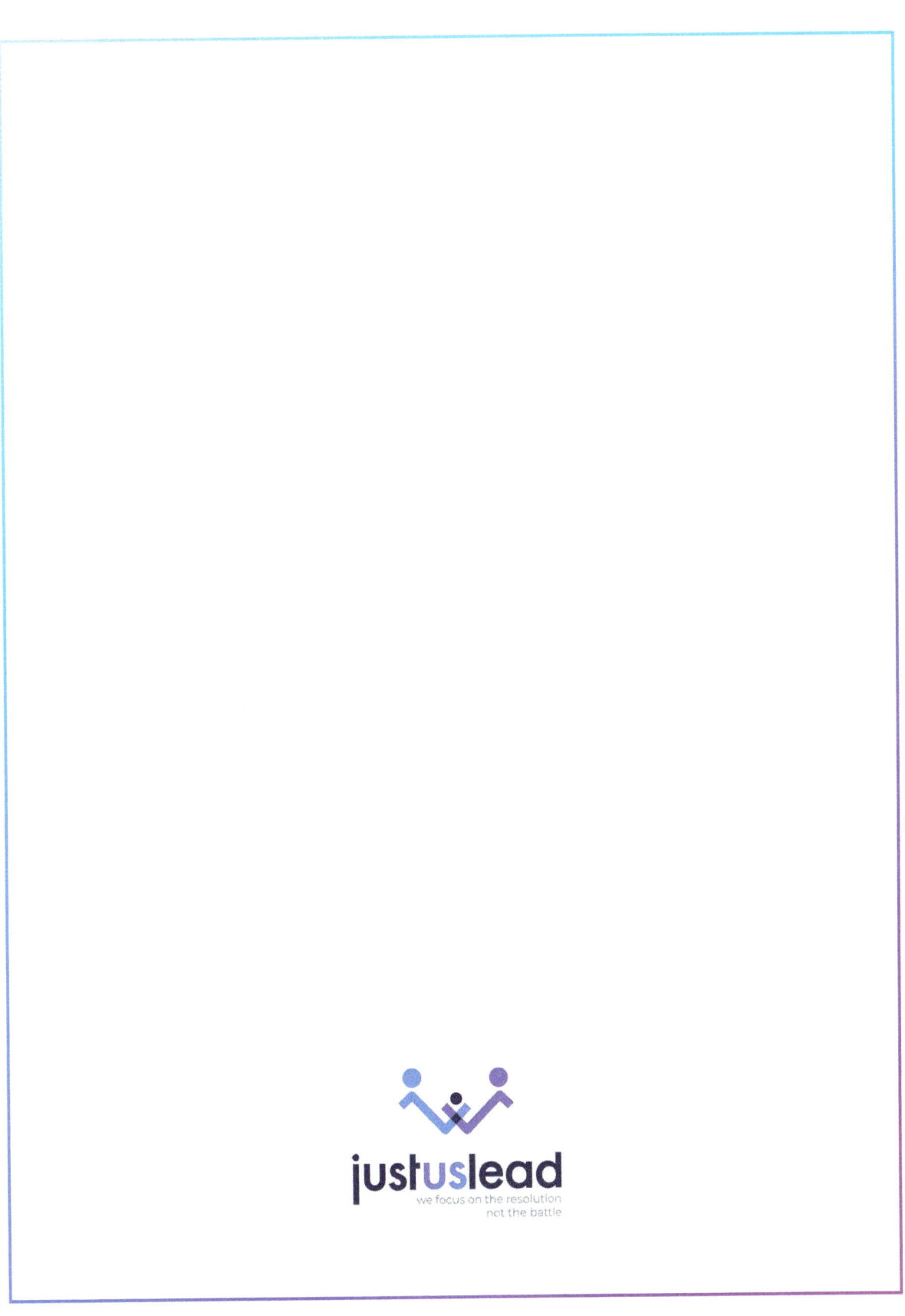

Essential Holidays

Holidays	Dates Time	Parent	Year Even/Odd

justuslead

Essential Holidays

Holidays	Dates Time	Parent	Year Even/Odd

School provided Off days/Holidays

Holidays	Dates Time	Parent	Year Even/Odd

School provided Off days/Holidays

Holidays	Dates Time	Parent	Year Even/Odd

Court Dates

Date/ Times: ____________________

Courtroom number: ____________________

Judge: ____________________

Type of proceedings: ____________________

How many items (documents, motions, subpoena are due): ____________________

Are they ready to present to court: ____________________

Were both parties present: ____________________

Comments: ____________________

Date/ Times: ____________________

Courtroom number: ____________________

Judge: ____________________

Type of proceedings: ____________________

How many items (documents, motions, subpoena are due): ____________________

Are they ready to present to court: ____________________

Were both parties present: ____________________

Comments: ____________________

Court Dates

Date/ Times: ____________________
Courtroom number: ____________________
Judge: ____________________
Type of proceedings: ____________________
How many items (documents, motions, subpoena are due): __________
Are they ready to present to court: ____________________
Were both parties present: ____________________
Comments: ____________________

Date/ Times: ____________________
Courtroom number: ____________________
Judge: ____________________
Type of proceedings: ____________________
How many items (documents, motions, subpoena are due): __________
Are they ready to present to court: ____________________
Were both parties present: ____________________
Comments: ____________________

Incident List

Dates/Time of Incident: ____________________

Location of Incident: ____________________

Parties involved in Incident: ____________________

____

____

Witnesses: ____________________

____

____

Police Present: Y/N ____________________

Report Number: ____________________

Officer Name and Badge Number: ____________________

Details of Incident: ____________________

____

____

____

____

____

____

____

____

____

____

____

____

____

____

____

Incident List

Dates/Time of Incident: ________________

Location of Incident: ________________

Parties involved in Incident: ________________

Witnesses: ________________

Police Present: Y/N ________________

Report Number: ________________

Officer Name and Badge Number: ________________

Details of Incident: ________________

Mediation

Dates/Time of mediation: ____________________
Place: ____________________
Was other parent notified (How/when): Y/N Via:______ Date Time______
Type of mediation: ____________________
Did both parties attend mediation: Y/N ____________________
Outcome of mediation: ____________________

Dates/Time of mediation: ____________________
Place: ____________________
Was other parent notified (How/when): Y/N Via:______ Date Time______
Type of mediation: ____________________
Did both parties attend mediation: Y/N ____________________
Outcome of mediation: ____________________

Mediation

Dates/Time of mediation: ______________________
Place: ______________________
Was other parent notified (How/when): Y/N Via:______ Date Time______
Type of mediation: ______________________
Did both parties attend mediation: Y/N ______________________
Outcome of mediation: ______________________

Dates/Time of mediation: ______________________
Place: ______________________
Was other parent notified (How/when): Y/N Via:______ Date Time______
Type of mediation: ______________________
Did both parties attend mediation: Y/N ______________________
Outcome of mediation: ______________________

Subpoena Received or Issued

Dates/Time of Subpoena: ____________________

Location of Subpoena was issued: ____________________

Parties who received subpoena: ____________________

____

____

Subpoena filed where: ____________________

Subpoena was severed within legally required days to respond: Y/N

Reasons to file a motion to quash: ____________________

Details and reason for subpoena: ____________________

Subpoena Received or Issued

Dates/Time of Subpoena: ________________________________

Location of Subpoena was issued: ________________________________

Parties who received subpoena: ________________________________

Subpoena filed where: ________________________________

Subpoena was severed within legally required days to respond: Y/N

Reasons to file a motion to quash: ________________________________

Details and reason for subpoena: ________________________________

Appointment Sheet

Dates/Time of Appointment: ___________________________
Places: ___________________________
Was other parent notified (how/when): Y/N Date Times: ___________
Via: ___________________________
Type of Appointment: ___________________________
Parties present: ___________________________
Outcome of Appointment: ___________________________

____

____

____

Dates/Time of Appointment: ___________________________
Places: ___________________________
Was other parent notified (how/when): Y/N Date Times: ___________
Via: ___________________________
Type of Appointment: ___________________________
Parties present: ___________________________
Outcome of Appointment: ___________________________

____

____

____

Dates/Time of Appointment: ___________________________
Places: ___________________________
Was other parent notified (how/when): Y/N Date Times: ___________
Via: ___________________________
Type of Appointment: ___________________________
Parties present: ___________________________
Outcome of Appointment: ___________________________

____

____

____

Appointment Sheet

Dates/Time of Appointment: ______________________
Places: ______________________
Was other parent notified (how/when): Y/N   Date Times: __________
Via: ______________________
Type of Appointment: ______________________
Parties present: ______________________
Outcome of Appointment: ______________________
____
____
____

Dates/Time of Appointment: ______________________
Places: ______________________
Was other parent notified (how/when): Y/N   Date Times: __________
Via: ______________________
Type of Appointment: ______________________
Parties present: ______________________
Outcome of Appointment: ______________________
____
____
____

Dates/Time of Appointment: ______________________
Places: ______________________
Was other parent notified (how/when): Y/N   Date Times: __________
Via: ______________________
Type of Appointment: ______________________
Parties present: ______________________
Outcome of Appointment: ______________________
____
____

Deadline Sheet

Dates/Time Due: ______________________________

Item Due: ______________________________

Submitted: ______________________________

Date/ Time Submitted: ______________________________

Submitted to: ______________________________

Submitted Via: ______________________________

Comments: ______________________________

____

____

Dates/Time Due: ______________________________

Item Due: ______________________________

Submitted: ______________________________

Date/ Time Submitted: ______________________________

Submitted to: ______________________________

Submitted Via: ______________________________

Comments: ______________________________

____

____

Dates/Time Due: ______________________________

Item Due: ______________________________

Submitted: ______________________________

Date/ Time Submitted: ______________________________

Submitted to: ______________________________

Submitted Via: ______________________________

Comments: ______________________________

____

____

Deadline Sheet

Dates/Time Due: ____________________
Item Due: ____________________
Submitted: ____________________
Date/ Time Submitted: ____________________
Submitted to: ____________________
Submitted Via: ____________________
Comments: ____________________

____

____

Dates/Time Due: ____________________
Item Due: ____________________
Submitted: ____________________
Date/ Time Submitted: ____________________
Submitted to: ____________________
Submitted Via: ____________________
Comments: ____________________

____

____

Dates/Time Due: ____________________
Item Due: ____________________
Submitted: ____________________
Date/ Time Submitted: ____________________
Submitted to: ____________________
Submitted Via: ____________________
Comments: ____________________

____

____

justuslead

we focus on the resolution not the battle

www.ingramcontent.com/pod-product-compliance
Lightning Source LLC
Chambersburg PA
CBHW041533120626
46551CB00019B/2677
9798986309507